Steuerkanzleien erfolgreich führen

Thomas Siegel · Marco Wunderlich

Steuerkanzleien erfolgreich führen

Wie Sie Impulse aus der Luftfahrt
nutzen und Ihre Beratung zum
Überflieger machen

Thomas Siegel
Steuerkanzlei Dr. Siegel
Zorneding, Deutschland

Marco Wunderlich
PITCH architects GmbH
München, Deutschland

ISBN 978-3-658-20338-2   ISBN 978-3-658-20339-9   (eBook)
https://doi.org/10.1007/978-3-658-20339-9

Die Deutsche Nationalbibliothek verzeichnet diese Publikation in der Deutschen Nationalbibliografie; detaillierte bibliografische Daten sind im Internet über http://dnb.d-nb.de abrufbar.

Springer Gabler
© Springer Fachmedien Wiesbaden GmbH, ein Teil von Springer Nature 2018

Gedruckt auf säurefreiem und chlorfrei gebleichtem Papier

Springer Gabler ist ein Imprint der eingetragenen Gesellschaft Springer Fachmedien Wiesbaden GmbH und ist ein Teil von Springer Nature
Die Anschrift der Gesellschaft ist: Abraham-Lincoln-Str. 46, 65189 Wiesbaden, Germany

Vorwort

Am 15. Januar 2009 setzten kurz nach dem Start von US-Airways-Flug 1549 am Flughafen La Guardia in New York beide Triebwerke des Airbus A320 durch massiven Vogelschlag aus. Nach einem dreieinhalbminütigen Segelflug landeten die Piloten das Flugzeug mit 150 Passagieren an Bord auf dem Hudson River, ohne dass auch nur ein Mensch zu Schaden kam.

Vordergründig ist dieser glimpfliche Ausgang der flugtechnischen Meisterleistung der beiden Piloten zu verdanken. Blickt man aber hinter die Kulissen, wird deutlich, weshalb Crew und Technik in der Lage waren, ein solches Manöver zum Erfolg zu führen. Der beeindruckenden Notlandung vorausgegangen waren nämlich unermüdliche und nachdrückliche Anstrengungen der gesamten Luftfahrtbranche, die betriebliche Komplexität zu reduzieren – durch Systematik, standardisierte Prozesse, Teamarbeit, kontinuierliches Training sowie ein Bewusstsein für Fehler und Verbesserungen. Kaum eine andere Branche strebt so sehr nach Sicherheit, Zuverlässigkeit und Qualität: 99,99 % aller Flüge erreichen heute ohne Vorkommnisse sicher ihr Ziel.

Anders sieht es leider in der Steuerberatung aus, denn hier passieren „Bruchlandungen" sehr viel häufiger. Dennoch wird den Ursachen einer misslungenen Beratung oder falschen Steuererklärungen und Jahresabschlüssen meist wenig Aufmerksamkeit geschenkt. Sie sind eben selten spektakulär – und sie lassen sich leichter kaschieren. Teuer sind sie für die Unternehmen dennoch. Dabei lassen sie sich relativ einfach vermeiden.

Natürlich müssen Steuerberater dazu keinen Jet fliegen können. Mit dem Verweis auf die Luftfahrt wollen wir den Fokus auf die Chancen lenken, die sich durch eine bessere Positionierung und Organisation ihrer Kanzlei eröffnen. Würden Steuerkanzleien nämlich nach ähnlichen Standards wie die der Airlines arbeiten, wären sie deutlich effizienter, die Fehlerquote wäre geringer und alle

Beteiligten hätten wesentlich mehr Freude an ihrer Tätigkeit. Umso erstaunlicher ist es, dass viele Steuerkanzleien – vor allem die kleineren und mittleren, nicht optimal strukturiert sind. Dabei steht spätestens seit der Veröffentlichung des von der Bundessteuerberaterkammer veröffentlichten Thesenpapiers „Steuerberatung 2020" fest, dass die Steuerberaterbranche sich vor tief greifenden Veränderungen befindet und folglich ein hoher Handlungsbedarf für die gesamte Branche besteht.

Die Luftfahrt hat in den zurückliegenden Jahrzehnten innovative betriebswirtschaftliche Maßnahmen entwickelt und umgesetzt, um ihre Arbeit zu strukturieren und eventuelle Risiken zu beherrschen. Die Erfahrungen, die sie dabei gemacht hat, können auch Steuerberater für sich nutzen. Dabei geht es nicht um einzelne neue Wege, um die Prozesse der steuerlichen Beratung zu optimieren, sondern um ein Bündel von Konzepten, um den heutigen Herausforderungen in der Steuerberatung zu begegnen. Auch geht es nicht darum, die Konzepte aus der Luftfahrt vollständig und exakt zu übernehmen – es reicht völlig, einige Kernprinzipien anzuwenden. Der Ansatzpunkt liegt nicht primär darin, fachliche Anforderungen besser zu erfüllen, sondern in einer systematischeren Bewältigung einer stetig zunehmenden Aufgabenkomplexität und Arbeitsteilung.

Dies ist also ein Buch für alle, die die Qualität der Beratungsarbeit auf allen Arbeitsebenen nachhaltig steigern und zudem die Zufriedenheit ihrer Mitarbeiter, der Mandanten und auch der Inhaber bzw. Partner der Kanzlei signifikant erhöhen wollen.

Die aktive Suche nach geeigneten Methoden für mehr Effektivität in der Steuerberatung sowie die Passion, die erfolgreichen Konzepte der Luftfahrt in andere Branchen zu übertragen, führte uns, nach der Veröffentlichung des Buchs „Impulsgeber Luftfahrt", im Herbst 2016 als Autorenteam zusammen. Im Zuge unserer Diskussionen entwickelte sich die Idee, einen Ratgeber über die selbst erlebten Konzepte und Tools der Luftfahrt zu schreiben und deren Anwendungsmöglichkeiten für die Steuerberaterbranche aufzuzeigen.

Unsere Handlungsvorschläge basieren auf zusammen 75 Jahren Erfahrung in Beratung, praktischer Umsetzung, Entwicklung von neuen Managementmethoden und Training der vorgestellten Prinzipien in verschiedenen Branchen.

Ihnen wünschen wir viel Spaß und gute Impulse beim Lesen! Auf Ihr Feedback zu den Ideen dieses Buches freuen wir uns.

Hamburg   Prof. Dr. Thomas Siegel
München   Marco Wunderlich
Dezember 2017

Inhaltsverzeichnis

Über die Autoren

Thomas Siegel wurde 1965 in München geboren. Nach seiner Schulausbildung, die er im Jahr 1983 an der Fachoberschule in Wasserburg am Inn mit der Fachhochschulreife abschloss, nahm er ein Studium der Betriebswirtschaft mit Schwerpunkt Steuerlehre an der Fachhochschule München auf. Im Jahr 1988 schloss Thomas Siegel sein Studium als Diplom-Betriebswirt (FH) ab. Anschließend absolvierte er seinen Wehrdienst beim Fliegerhorst Erding.

Nach mehrjähriger beruflicher Tätigkeit als Sachbearbeiter bei zwei Steuerberatern und Wirtschaftsprüfern legte Thomas Siegel im Jahr 1993 das Examen als Steuerberater ab und ließ sich in dem folgenden Jahr in Zorneding als selbstständiger Steuerberater nieder. Zwei Jahre später kaufte er die Steuerkanzlei seines Vaters Anton Siegel, die er seitdem als alleiniger Inhaber führt. Im Jahr 2011 promovierte er über den „Einfluss von Beratung von Existenzgründern in der Vorgründungsphase und Gründungsphase auf den Erfolg" an der Universität Bratislava und erhielt für seine Arbeit den Doktortitel *philosophiae doctor* (PhD.). Im Jahr 2015 wurde Dr. Thomas Siegel zum Professor für „Medienwissenschaft/BWL" an der Mediadesign Hochschule München im Studiengang „Medienmanagement" berufen. Neben seiner Tätigkeit in der Lehre, als Kanzleiinhaber und selbstständiger Steuerberater

engagiert sich Prof. Dr. Siegel in der Gründungsbe-
ratung und hält hierzu Fachvorträge bei Verbänden,
Behörden, Vereinen und Banken. Der passionierte
Familienmensch und Vater zweier Söhne liebt das
Wandern, Radfahren und die Berge und Natur in sei-
ner malerischen Heimat sowie anderswo.

Marco Wunderlich ist Gründer und Geschäftsfüh-
rer von *PITCHarchitects*. Er hilft Qualitätsanbietern,
die richtige Botschaft an den Markt zu senden und
sich vom Wettbewerb abzuheben. Er ist darauf spezialisiert, in komplexen Vertriebssituationen mit klaren,
maßgeschneiderten und überzeugenden Unterlagen
konsistent neue Kunden und attraktive Mandate zu
gewinnen.

Seine Tätigkeit reicht von der Vertriebskonzep-
tion über das Auditieren und Optimieren von Prä-
sentationen bis hin zu schriftlichen Angeboten und
Webseiten. Mit der von ihm entwickelten Methode,
dem *Offer Performance Attribution Grid*^{TM}, bewertet er die Überzeugungskraft von Unterlagen und
Interaktionen mit Kunden. Er arbeitet mit Kunden
unabhängig von Branchen und Unternehmensgröße.
Zum Thema Vertrieb publiziert er und hält Seminare. Außerdem produziert er die Buchreihe „Kann
Ihr Team einen Airbus auf dem Hudson landen?". Er
fliegt nicht selbst, hat sich aber vor dem 11. Septem-
ber 2001 mit seiner Fallschirmspringerlizenz häufig den Notsitz hinter den Piloten gesichert und so
diverse Flugstunden im Cockpit verbracht.

Marco Wunderlich startete seine Karriere im
Asset Management. Er war zunächst im Portfo-
lio Management tätig und hat dann institutionelle
Investoren bei komplexen Anlagen von Pensions-
und Treasury-Geldern beraten. Der Diplomkauf-
mann – Schwerpunkte Konzernrechnungslegung und
Finanzen – erwarb seinen MBA an der Chicago
Booth School of Business.

Teil I
Die Herausforderung als Steuerberater

Der Beruf des Steuerberaters im Wandel der Zeit – neue Chancen nutzen, ohne sich dabei aufzureiben

1

Sind Sie froh, Steuerberater zu sein? Ich bin es! Für mich war es mein Traumberuf – und er ist es noch heute. Jedoch nur, weil ich mir heute die Tätigkeiten auswählen kann, die mir wirklich Spaß machen. Viele Steuerberater klagen über zu viel Stress in ihrem Job, zu wenig Zeit für die Familie und die eigenen Belange, oft gepaart mit gesundheitlichen Problemen. Vielen bringt die eigene Kanzlei nicht die erhoffte Freiheit, sondern sie hält sie vielmehr gefangen. Das ist nicht nur sehr schade, sondern muss auch nicht sein.

1.1 Der Beruf des Steuerberaters im Wandel der Zeit

Seit über zwanzig Jahren bin ich jetzt selbstständig und ich habe in diesen Jahren – wie sicherlich alle meine Kollegen – sehr viel erlebt. Da waren Sorgen und Nöte, zahlreiche Niederlagen und Enttäuschungen, Unmengen an Arbeit und viel Termindruck – aber es gab weitaus mehr Freude und glückliche Momente, Erfolgserlebnisse und Triumphe und vor allem viele positive Erlebnisse mit anderen Menschen.

Aufgrund der hohen Zugangsvoraussetzungen wird niemand zufällig Steuerberater; Quereinsteiger gibt es in dem Beruf praktisch nicht. Die Anforderungen sind extrem hoch und die zu lernenden fachlichen Inhalte teilweise überwältigend. Jeder, der sich diesen Beruf aussucht, hat ihn sehr bewusst gewählt. Und dafür gibt es gute Gründe, denn die Rahmenbedingungen für diesen Beruf sind nach wie vor hervorragend:

Wir genießen ein effizientes Berufsrecht, das unseren Beruf gut schützt, wir haben Berufskammern, die unsere Interessen gekonnt vertreten, unsere Mandanten würdigen unser Engagement in der Regel mit Dankbarkeit, Treue und einem

© Springer Fachmedien Wiesbaden GmbH, ein Teil von Springer Nature 2018
T. Siegel und M. Wunderlich, *Steuerkanzleien erfolgreich führen*,
https://doi.org/10.1007/978-3-658-20339-9_1

guten Honorar und wir sind unabhängig in der Ausübung unseres Berufs – alles Faktoren, die Steuerberater zu schätzen wissen. Darüber hinaus ist unsere Tätigkeit abwechslungsreich und äußerst interessant. Die Bandbreite unseres Beschäftigungsfeldes und unserer Mandanten ist enorm groß. Die Berufsträger beraten traditionelle Familienunternehmen oft über mehrere Generationen, aber auch innovative Start-ups, bis zur ersten Übernahme. Nicht selten haben wir in die Verhältnisse unserer Mandanten mehr Einblick als der Hausarzt, Beichtpfarrer, Ehepartner und Bank-Betreuer zusammen.

Mit dem Bestehen des Berufsexamens haben wir unsere hohe Fachkenntnis unter Beweis gestellt. Dies ist zweifelsfrei eine wesentliche Grundbedingung, um den Beruf des Steuerberaters ausüben zu können – aber eben nur eine der Voraussetzungen. Sowohl für den Angestellten als auch für den Selbstständigen gilt der Grundsatz: Neben der fachlichen Qualifikation müssen Steuerberater über interpersonelle und prozessuale Fähigkeiten verfügen. Nur dieser Dreiklang verspricht einen nachhaltigen Erfolg.

Der Beruf des Steuerberaters befindet sich derzeit in einem dramatischen Umbruch. Die disruptiven Entwicklungen in der Wirtschaft sind schon heute nicht zu übersehen und auch die Branche der Steuerberater bleibt hiervon nicht verschont. Wer jetzt bereits über die zunehmende Komplexität der Fälle und Stress klagt, wird es in der Zukunft noch schwerer haben. Denn versäumt es eine Kanzlei jetzt die notwendigen Anpassungen vorzunehmen, wird sie zukünftig zwar vielleicht überleben können, doch sie wird ihrem Inhaber nicht die Freude und Unabhängigkeit verschaffen, die er als Steuerberater einmal angestrebt hat. Jetzt ist also der richtige Zeitpunkt, den Kurs aktiv anzupassen und die eigene Kanzlei fit für die Zukunft zu machen.

Das deutsche Steuerrecht gehört zu dem komplexesten der Welt, so sind die fachlichen Anforderungen an die Steuerberatung entsprechend hoch. Die einfachen Fälle werden schon heute weitgehend automatisiert oder von externen Anbietern übernommen und hierdurch kostengünstiger angeboten. Komplexere Sachverhalte, die dagegen nicht so schnell automatisiert werden können, landen jedoch weiterhin auf den Tischen der Berufsträger. Diese Komplexität der Fälle wird in den nächsten Jahren zwangsläufig weiter zunehmen. Die Gründe hierfür sind u. a. – neben dem bereits oben genannten Wegfall der simplen Sachverhalte im Wege der Automatisierung – die Globalisierung sowie immer neue Verordnungen, Gesetze und Urteile. Wer als Steuerberater hier den Überblick verliert, kann der Konkurrenz bald nicht mehr standhalten – denn diese schläft nicht.

Vor allem die Digitalisierung verändert den Beruf des Steuerberaters grundlegend. In einer Steuerkanzlei werden vornehmlich Wissen bzw. Informationen bearbeitet – und diese Bearbeitung erfolgt zunehmend ausschließlich digital.

Diesen Trend zu verkennen, kommt dem Ausspruch des letzten deutschen Kaisers Wilhelm II. gleich: „Ich glaube an das Pferd. Das Auto ist eine vorübergehende Erscheinung." Der Druck zur Digitalisierung kommt hierbei nicht allein von der Finanzverwaltung. Im zunehmenden Maße wollen auch die Mandanten ihre Daten digital abliefern und wieder zurückbekommen. Dies habe ich in den vergangenen Monaten beispielsweise in starkem Maße in der Gastronomie-Branche erlebt. Zwar wäre einem diese Branche vielleicht nicht als erste zum Thema Digitalisierung eingefallen, doch auch hier gibt es einschneidende Neuerungen: Beispielsweise bietet ein auf Gaststätten und Hotels spezialisierter Dienstleister diesen Betrieben an, die Eingangsrechnungen entgegenzunehmen und für den Steuerberater digital aufzubereiten. Mehrere der Betriebe, die mit diesem neuen Verfahren arbeiten wollten, konnte ich als Neumandanten gewinnen. Zuvor hatten sich die Hotel- und Gastronomiebetriebe von ihren bisherigen Steuerberatern abgewandt, da diese für eine neue Art der digitalen Zusammenarbeit noch nicht bereit waren.

Neben der fachlichen Kompetenz mit Menschen umgehen zu können und die Prozesse in der Kanzlei optimal zu organisieren war schon immer wichtig – aber bisher nicht unbedingt überlebensnotwendig. So manche Kanzlei konnte sich über Jahre allen Neuerungen verweigern: „Internetseite? Brauchen wir nicht!", „Mitarbeiterführung? Wir machen ja eine Weihnachtsfeier!", „Strukturierte Fortbildung? Frau Maier war auf einem Seminar – fragen Sie die!". So geht es sicherlich nicht mehr weiter. Der auf die Branche einwirkende Veränderungsdruck ist bereits hoch und wird in den nächsten Jahren noch dramatisch zunehmen.

1.2 Neue Erwartungen der Mandanten

Doch nicht nur die Steuerberater, sondern auch die Mandanten stehen vor deutlich vielschichtigen Anforderungen. Zwar können Standardfälle heute zunehmend automatisiert werden, doch für komplexere Sachverhalte wird guter Expertenrat immer wichtiger. Die weiter voranschreitende Digitalisierung produziert zudem gewaltige Datenmengen. Die Mandanten ertrinken förmlich in dieser Informationsflut und dürsten nach passenden Lösungen, was ein enormes Beratungspotenzial für die Steuerberaterbranche bedeutet. Doch nur wer die richtig geschulten Mitarbeiter hat und die Standardprozesse effektiv und reibungslos abwickeln kann, wird diese Mandanten erfolgreich betreuen können.

Die Mandanten stellen bereits heute an ihren Steuerberater ganz andere Anforderungen als früher. Fachliche Kompetenz setzt der Mandant als selbstverständlich voraus und fordert darüber hinaus eine schnelle Erreichbarkeit, emotionale

Intelligenz, einen hohen technischen Standard sowie ein sympathisches Team – und das alles bei einem fairen Honorar. Die Zeiten, in denen mit dem Anbringen eines Kanzleischildes die Bemühungen um Mandanten abgeschlossen waren, sind definitiv vorbei. Die nächste Generation der Mandanten holt Vergleichsangebote ein, erwartet Kenntnisse zu allen Besonderheiten, fordert Referenzen und bringt klar zum Ausdruck, dass ein Mandat nicht zwangsläufig ein Dauer-Mandat bedeuten muss.

1.3   Die Personal-Akquise: eine weitere Herausforderung

Im Personalbereich gibt es heute schon einen harten Kampf um die besten Köpfe. Wohl jeder Steuerberater hat bereits bemerkt, dass die Personal-Akquise zu einer echten Herausforderung geworden ist. Bedauerlicherweise gelten Steuerkanzleien in der Außenwahrnehmung nicht als attraktive Arbeitgeber, die demografische Entwicklung tut ihr Übriges hinzu. Gerade um junge Menschen als Mitarbeiter für eine Steuerkanzlei zu gewinnen, muss man mehr tun, als nur ein „gutes" Gehalt zu zahlen. Neben einem angenehmen Betriebsklima werden heute vor allem eigenverantwortliches Arbeiten, ein moderner Arbeitsplatz und eine individuelle, berufliche Förderung erwartet. Hat man das passende Personal erst einmal gewonnen, steht man vor der nächsten Herausforderung, dieses auch in der Zukunft zu halten. Die durchschnittliche Verweildauer in einem Job wird immer kürzer. Zudem verwenden Kanzleien, die Mitarbeiter suchen, immer aggressivere Methoden, um Mitarbeiter abzuwerben. Berater, die im Personalbereich nicht die Weichen auf Zukunft stellen, werden in diesem Bereich daher zwangsläufig große Probleme bekommen.

Für die junge Generation der Mitarbeiter ist es zudem selbstverständlich, ohne Papier zu arbeiten, sie empfinden die Arbeit mit Aktenordnern häufig als belastend. Steuerkanzleien müssen beim Thema Digitalisierung also schnellstmöglich aktiv werden, ansonsten setzen sie nicht nur auf das falsche Pferd, sondern kommen sehr bald auf einem lahmen Gaul daher.

1.4   Vorläufiges Fazit

Die aktuellen Herausforderungen an die Steuerberater-Branche kann man als Belastung oder Druck betrachten, doch die Dinge haben – wie immer – zwei Seiten. Man kann die Veränderungen auch als Chance für die eigene Person und die ganze Branche begreifen. In einem sich stark wandelnden Markt – das ist eine alte Binsenweisheit – haben diejenigen Markt-Teilnehmer die besten Chancen, als Gewinner hervorzugehen, die sich frühzeitig in diesem Prozess erfolgreich positionieren können. Die Komplexität der Sachverhalte, die Digitalisierung und die Verknappung kompetenten Personals, führen zu einem enormen Beratungsbedarf aufseiten des Mandanten. Der allgemeine Trend zum Outsourcing von Nicht-Kerntätigkeiten wirkt zusätzlich umsatzfördernd. Aufgrund der hohen Komplexität werden Spezialisten benötigt, die der Mandant kaum selbst vorhalten kann. Wer seine Kanzlei frühzeitig auf diese neuen Entwicklungen einstellt, wird in diesen Themenbereichen im Marktvergleich brillieren und den Mandanten nachhaltig an sich binden können.

Vielen Steuerberatern geht es bereits heute so, dass sie mit ihrer fachlichen Arbeit so ausgelastet sind, dass sie für Themen wie Kanzleimanagement, Kanzleientwicklung, Mitarbeiterführung etc. keine Zeit zu haben glauben. Zwar mag der Betrieb auch so wirtschaftlich ertragreich sein, doch vielfach leiden die Akteure gesundheitlich oder psychisch in diesem „Hamsterrad". Oft ist es die eigene Familie, die den heimlichen Preis für die Versäumnisse zahlt. Unzufriedenheit, Erschöpfung und Burn-out sind zwangsläufige Begleiterscheinungen – vor allem bei den Kanzlei-Inhabern. An dieser Stelle wird häufig ein Domino-Effekt in Gang gesetzt: Nehmen die Mandanten den Steuerberater als gestresst wahr, stellt sich schnell Unzufriedenheit mit seiner Leistung ein. Infolgedessen empfehlen sie ihn nicht mehr oder verlassen ihn gar selbst. Auch die Mitarbeiter leiden unter einem Klima von ständigem Stress: sie arbeiten uneffektiv, machen Fehler und lassen sich von anderen Kanzleien abwerben. Statt nur **in** der Kanzlei zu arbeiten, sollte deswegen viel mehr **an** der Kanzlei und **an** sich selbst gearbeitet werden. Ähnlich wie bei einer stumpfen Säge, mit der sich das Holz nur sehr zeitaufwendig sägen lässt, lohnt es, sich kurz Zeit zu nehmen, um die Säge zu schärfen und anschließend das Holz ungleich schneller sägen zu können.

Der Weg zur einer leistungsstarken Kanzlei

2

Der Weg zur eigenen Kanzlei kann steinig sein. Dennoch: Es gibt einen Weg, dem in Kap. 1 beschriebenen Teufelskreis zu entkommen und die eigene Kanzlei zum Erfolg zu führen. Erfolg als Kanzleiinhaber definieren wir hierbei ganzheitlich, also nicht nur in wirtschaftlichen Kenngrößen wie Umsatz, Umsatzrendite oder Gewinn. Grundsätzlich darf hierbei der wirtschaftliche Erfolg nicht auf Kosten der Gesundheit, der Familie oder anderer sozialer Faktoren und schon gar nicht auf Kosten der eigenen Berufung, also dem Spaß an der Arbeit, gehen. Expertise im Steuerrecht ist ein wichtiger Baustein, in diesem Ratgeber werden dennoch die anderen wichtigen, häufig unterschätzten Faktoren für den Erfolg einer Kanzlei behandelt.

Eine entscheidende Voraussetzung für einen nachhaltigen Erfolg ist, dass die Leistungskraft einer Kanzlei nicht nur vom Inhaber abhängig ist, sondern dass diese standardmäßig durch leistungsfähige Prozesse und ein gutes Team sichergestellt wird. Natürlich ist die Kanzlei ein Spiegel der Ideen des Inhabers, doch diese sollte auch ohne seine ständige Anwesenheit operativ auf einem hohen Niveau tätig sein können.

2.1 Erfolgsdefinition und entscheidende Erfolgskomponenten

Der Erfolg im Sinne der oben genannten Definition beinhaltet folgende Aspekte:

1. Leben der eigenen Berufung/Spaß an der Arbeit
2. wirtschaftliche Stabilität
3. Seelenfrieden und Gelassenheit *(Peace of Mind)*
4. eine gesunde *Work-Life-Balance.*

© Springer Fachmedien Wiesbaden GmbH, ein Teil von Springer Nature 2018
T. Siegel und M. Wunderlich, *Steuerkanzleien erfolgreich führen*,
https://doi.org/10.1007/978-3-658-20339-9_2

Der Erfolg ergibt sich aus den folgenden vier Komponenten:

1. steuerrechtliche Fachkompetenz
2. Anzahl und Größe der Mandaten
3. Stärke und Kompetenz des Mitarbeiterteams
4. operationale Effizienz.

Diese Erfolgskomponenten sind jedoch nicht per se vorhanden, sondern müssen aktiv gesteuert werden. Greifen die Komponenten gut ineinander, führen sie zu dem erwünschten Erfolg. Anhand eines effizienten, aktiven Kanzleimanagements können die oben genannten Erfolgskomponenten (siehe Abb. 2.1) sichergestellt und so das Profil der Kanzlei auf einen dauerhaften Erfolg ausgerichtet werden.

Liegen neben den oben genannten Erfolgskomponenten zusätzlich folgende Voraussetzungen vor, ist der Weg für Ihren langfristigen Erfolg geebnet.

Spaß an der Arbeit (Berufung)
Ihre Kanzlei steht für eine hohe Fach-Kompetenz im Steuerrecht allgemein und in Ihren speziellen Interessensgebieten im Besonderen. Sie bearbeiten hauptsächlich

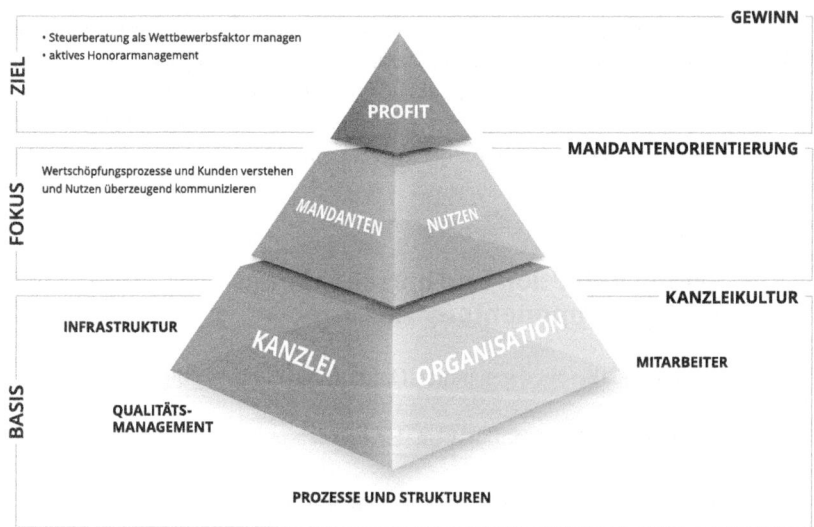

Abb. 2.1 Bestandteile auf Basis der Exzellenz-Pyramide

spannende Fälle und umgeben sich mit den „richtigen" Menschen, d. h. Mandanten, Mitarbeiter und Partner, die Ihre Arbeit lohnend machen. Administrative Themen landen hingegen eher selten auf Ihrem Tisch.

Seelenfrieden und Gelassenheit *(Peace of Mind)*
Das Standardgeschäft wird in Ihrer Kanzlei effektiv und sicher ohne Ihr Eingreifen automatisiert oder durch die Mitarbeiter abgewickelt. Mit Ihrem Team fühlen Sie und Ihre Mandaten sich sehr wohl, denn dieses ist für die Tätigkeit gut ausgebildet, angenehm im Umgang und als Team leistungsfähig. Die richtigen Mandanten finden zu Ihnen, ohne dass Sie um diese werben müssen. Daher haben Sie keinen Stress wegen eventueller Fehler, möglicher Regressfälle, Honorardiskussionen oder Ähnlichem. Ihre Mitarbeiter sind fachlich und interpersonell bestens geschult und hoch motiviert.

Wirtschaftlichkeit
Ihre Kanzlei zeigt ein stetiges Umsatzwachstum, hohe Rendite, geringe Umsatz-Schwankungen sowie eine gute Planbarkeit der Kanzleientwicklung. Gestalten Sie Ihre Kanzlei möglichst so, dass diese zu jedem Zeitpunkt eine gute Kapitalanlage darstellt und jederzeit gewinnbringend verkauf- oder übertragbar wäre.

Work-Life-Balance
Eine durchschnittliche Arbeitszeit von 50 h pro Woche sollte nicht überschritten werden, um Stress und Erschöpfung vorzugreifen. Während Ihrer Arbeitszeit widmen Sie sich vorwiegend nur ausgewählten, interessanten Fällen von ausgesuchten Mandanten. Außerdem spannen Sie möglichst mindestens sechs Wochen pro Jahr bei einem Urlaub komplett ohne Telefon und E-Mails aus. Auf diese Weise haben Sie ausreichend Zeit für Ihre Familie und andere private Kontakte. Diese Augenblicke können Sie für sich, Ihre Interessen und Ziele nutzen. (Schreiben Sie beispielsweise endlich Ihr Buch, kaufen Sie sich Ihr Boot oder nutzen Sie dieses öfter, wie auch immer Ihre Ziele aussehen mögen.)

2.2   Was dieses Buch ist – und was es nicht ist

Um die oben beschriebene Erfolgssituation in Ihrer Kanzlei herzustellen, zeigen wir Ihnen Methoden und Wege, ohne dass Sie hierzu teure Investitionen tätigen oder umfassende Projekte einleiten müssen. Unsere Erfolgsstrategie ist kein theoretisches Modell, sondern basiert auf langjährigen Erfahrungen und Prinzipien, die wir selbst erfolgreich umgesetzt haben. Eine strategische Neuausrichtung Ihrer Kanzlei erfordert selbstverständlich einen gewissen Aufwand und das Loslassen von Vertrautem, doch der Aufwand lohnt sich auf jeden Fall!

In diesem Buch zeigen wir Ihnen, wie Sie mit vergleichsweise geringem Zeitaufwand innerhalb von wenigen Monaten Ihre Kanzlei so aufstellen können, dass Sie weiterhin eine fachlich anspruchsvolle Steuerberatung betreiben können und darüber hinaus:

- **neue Mitarbeiter** gewinnen und vorhandene an sich binden. Ihr Team ist motiviert und entwickelt sich strukturiert weiter.
- **neue Mandanten** gewinnen und bestehende an sich binden. Indem Sie Ihre Kanzlei entsprechend am Markt positionieren, wird diese vom Markt als eine besondere Steuerkanzlei wahrgenommen.
- den **Herausforderungen der Gegenwart** begegnen und durch die Annahme dieser Veränderungen neue Geschäftsfelder erschließen.

Nach der Umsetzung unserer Konzepte werden Sie als positive Nebenwirkung bemerken, dass Sie sich wesentlich entspannter Ihrer fachlichen Arbeit widmen können und insgesamt mehr Freude haben, in die Kanzlei zu gehen. Zudem wird Ihr Team motivierter arbeiten und weniger Fehler machen. Ihre Mandanten schätzen Sie nicht nur als fachlichen Berater, sondern auch als Menschen. Ihre Kanzlei wird zu etwas Besonderem und daher weiterempfohlen.

Dieses Buch beinhaltet keine fachlichen Ratschläge zum Steuerrecht, da hierzu bereits eine Vielzahl von Veröffentlichungen auf dem Markt vorhanden ist. Dieses Buch widmet sich allein den prozessualen Herausforderungen der Kanzleiführung, den Anforderungen an die interpersonellen Kompetenzen im Umgang mit Mandanten, Kunden und Partnern sowie einer richtigen Positionierung der Kanzlei auf dem Markt (siehe Abb. 2.2).

Abb. 2.2 Interpersonelle und prozessuale Fähigkeiten sowie Positionierung und Marketing

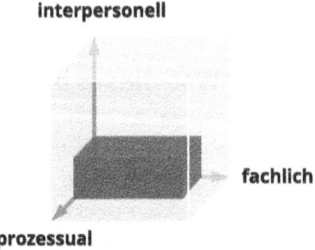

2.3 Von der Luftfahrt lernen

Die Methoden, die wir Ihnen in den folgenden Kapiteln vorstellen, entnehmen wir der Luftfahrt. Dennoch handelt es sich um kein Aviatik- Buch und Flugkenntnisse sind zum Verständnis des Buches ebenfalls nicht erforderlich. Die entlehnten Leistungsprinzipien bilden lediglich ein organisatorisches Fundament, das Ihnen erlaubt, den aktuellen Herausforderungen bestmöglich zu begegnen und auf diese Weise den Erfolg Ihrer Kanzlei zu sichern.

Vor rund 40 Jahren hatte die Luftfahrt recht ähnliche Probleme wie viele Kanzleien heute zu bewältigen: die wachsende Komplexität der Prozesse, eine kaum zu bändigende Flut von Informationen, die Koordination und Zusammenführung diverser Schnittstellen, Probleme und Konflikte in der Teamarbeit sowie der ständige Wandel der Rahmenbedingungen. Im Zuge dessen entwickelte die Luftfahrt innovative Kernleistungsprinzipien, deren konsequente Umsetzung zu einer beeindruckenden Erfolgsquote von 99 % in der Flugverkehrssicherheit führte (Abb. 2.3). Bei diesem Erfolg spielte die Beherrschung der Flugtechnik eine nur untergeordnete Rolle, vielmehr entwickelte die Luftfahrt durchgreifende

Abb. 2.3 Kernleistungsprinzipen aus der Luftfahrt nutzen. (Quelle: © aapsky/fotolia)

Maßnahmen zur besseren Teamarbeit und zur Vermeidung von menschlichem Versagen. Welche dieser Maßnahmen sich schnell und einfach im Führen Ihrer Steuerkanzlei nutzen lassen, erfahren Sie in den folgenden Kapiteln.

2.4   Vorläufiges Fazit

Wie bereits oben ausgeführt, werden sich die Anforderungen an Steuerberater in den nächsten fünf Jahren (also bis zum Jahr 2022) dramatisch verändern. Diejenigen der Berufsträger, die sich den Herausforderungen stellen, ihre Prozesse optimieren, ihr Team und ihre Kanzlei richtig aufstellen, auf die technischen Herausforderungen eine Antwort haben und ihre Kanzlei glaubhaft und nachhaltig am Markt positionieren, werden von diesen Veränderungen profitieren – wirtschaftlich und persönlich.

Ein paar Worte über meinen persönlichen Werdegang: Wie habe ich meinen Weg gefunden?

Seit vielen Jahren bin ich Kanzleiinhaber (siehe Abb. 3.1) und selbstständiger Steuerberater, aber auch ich musste an einem Punkt drastische Veränderungen für mich und meine Kanzlei umsetzen. Eine eigene Kanzlei war schon immer mein Ziel. Schon an meinem ersten Arbeitstag nach meinem BWL-Studium habe ich mir in der Mittagspause ausgerechnet, wie viele Arbeitstage ich als Angestellter noch arbeiten muss, bis ich mich als Steuerberater endlich selbstständig machen konnte. Da ich – zum Glück – das Berufsexamen im ersten Anlauf bestanden habe, begann danach sofort meine Selbstständigkeit. Mein damaliger Plan ging folglich auf.

Das Steuerberater-Examen habe ich im März 1993 absolviert. Mein Plan war stets, nach einer kurzen Phase der Selbstständigkeit, die Kanzlei meines Vaters zu kaufen. Nach einer zweijährigen Zusammenarbeit mit ihm war es dann am 1. Januar 1996 so weit: Ich hatte meine eigene Steuerkanzlei.

Meine Vision war es, im Rahmen der Selbstständigkeit meine Ideen umzusetzen, eine profitable Kanzlei zu führen und selbstbestimmt meine Arbeit und Freizeit zu gestalten. Einen Monat nach der Kanzleiübernahme haben jedoch zwei der vier Mitarbeiter gekündigt und meine Mutter, die damals Kanzleimanagerin war, ist unfallbedingt mehrere Monate ausgefallen.

Weitere drei Monate später war mein größtes Mandat weg – die Firma wurde verkauft – und mein zweitgrößtes Mandat war zahlungsunfähig. In langen durchwachten Nächten sah ich mich sehr oft meinen Traum der Selbstständigkeit zu Grabe tragen.

Trotz dieser ersten Rückschläge habe ich natürlich weitergemacht. Ich habe neue Mitarbeiter gefunden und auch einige interessante Mandate akquiriert, sodass ich etwa zehn Jahre nach der Übernahme zwölf Mitarbeiter beschäftigte und die Kanzlei zu jedem Zeitpunkt profitabel war. Wirtschaftlich bin ich auch

© Springer Fachmedien Wiesbaden GmbH, ein Teil von Springer Nature 2018
T. Siegel und M. Wunderlich, *Steuerkanzleien erfolgreich führen*,
https://doi.org/10.1007/978-3-658-20339-9_3

Abb. 3.1 Die Steuerkanzlei Siegel wurde 1972 von Anton Siegel, dem Vater von Prof. Dr. Thomas Siegel, in Zorneding gegründet

damals recht erfolgreich gewesen. Das habe ich jedoch teuer erkauft: Auf der einen Seite hatte ich einen 12 h-Tag in der Kanzlei, selten freie Wochenenden und auf der anderen Seite eine Familie, um die ich mich mehr kümmern wollte. Dieses Spannungsverhältnis hat mich letztlich krankgemacht. Nach einiger Zeit war ich ausgepowert und bin krankheitsbedingt oft ausgefallen. In der schlimmsten Phase war ich wegen einer Autoimmunerkrankung sogar mehrere Wochen im Krankenhaus, wo ich eine beängstigende Prognose erhielt. Meine Ärzte waren damals der Ansicht, ich würde zukünftig nur noch maximal 200 m schmerzfrei gehen können. Als dramatischer Höhepunkt dieser Lebensphase kam dann ein Fahrradunfall dazu, den ich nur mit viel Glück überlebt habe.

Die zwangsverordnete Auszeit von drei Monaten nach dem Unfall hat mich zum Nachdenken gebracht. Ich wollte nicht mehr in die Kanzlei-Mühle zurück, nicht mehr da weitermachen, wo ich vor meinem Unfall aufgehört hatte. Insgeheim wusste ich, dass ich mit einem schlichten „Weiter so!" nicht mehr lange durchhalten würde.

Um meinen Traum einer wirtschaftlich erfolgreichen und gleichzeitig glücklichen Selbstständigkeit zu verwirklichen, musste ich dringend etwas ändern, nämlich an mir **und** an meiner Kanzlei. Das tat ich dann auch. Da ich zu dieser Zeit einige Piloten als Mandanten hatte, erfuhr ich – zunächst eher zufällig – von den Kernleistungsprinzipien, mit denen die Luftfahrt die Flugsicherheit äußerst erfolgreich erhöht hatte. Die Einfachheit und nachhaltige Wirkung der Prinzipien überzeugte mich. Wenig später setzte ich die Maßnahmen der Aviatik, die der Optimierung der Prozesse, der Kommunikation und der Teamarbeit sowie der möglichst restlosen Fehlervermeidung dienen, konsequent in meinem Unternehmen um. Darüber hinaus habe ich meine Kanzlei so umgebaut, dass ich als Eigentümer zwar eine zentrale Rolle spiele, dabei aber längst nicht mehr alles über meinen Tisch gehen muss. Mein Team, die Infrastruktur und die Prozesse sind jetzt so organisiert, dass Standardthemen automatisiert oder vom Team erledigt werden und nur noch wenige Einzelfälle von mir persönlich bearbeitet werden, in der Regel sind dies die fachlich anspruchsvolleren und komplexen Themen. Somit gewinne ich Zeit für organisatorische Aufgaben, Teamentwicklung und spannende nebenberufliche Aktivitäten. Persönlich habe ich mir ein konsequentes Sportprogramm und ein inspirierendes Mentaltraining auferlegt – beides betreibe ich heute noch mit Leidenschaft und Freude.

Seit dem „Neustart" vor nunmehr neun Jahren mache ich mindestens acht Wochen Urlaub im Jahr und bin an keinem Wochenende mehr in der Kanzlei. Das Handy nutze ich in meiner Freizeit nur zum Aufzeichnen meiner Lauf- und Fahrradtouren, außerdem lese ich berufliche Mails ausschließlich in der Kanzlei. In dieser Zeit konnte ich neben dem Beruf promovieren und die Fachberaterprüfung ablegen. Seit vier Jahren unterrichte ich nebenbei an einer Hochschule, vor zwei Jahren wurde ich dort zum Professor berufen. Zudem bin ich so gesund wie nie und führe ein sehr glückliches Ehe- und Familienleben. Mein Kanzlei-Team ist mir sehr ans Herz gewachsen und ich freue mich jeden Morgen, meine 25 Mitarbeiter zu begrüßen. Seitdem ich die „Reset"-Taste drückte, haben sich der Umsatz verdoppelt und die Rendite vervielfacht.

Heute freue ich mich wieder an meinem Beruf als Steuerberater und Professor, was meine Mandanten, meine Mitarbeiter und meine Studierenden bemerken. Auch meine Familie und das private Umfeld nehmen mich als wesentlich entspannter wahr. Nebenbei kann ich ohne Probleme Bergtouren mit einer Gehzeit von zwölf Stunden bewältigen.

Die Veränderung geschah nicht über Nacht. Mit ein paar Umwegen konnte ich jedoch meinen ursprünglichen Traum von der Selbstständigkeit verwirklichen, obwohl viel mehr zu bewältigen war und sich die Berufswelt wider mein Erwarten immer schneller wandelte.

Diese Änderungen sind ein strukturierter Prozess, den jeder umsetzen kann. Einigen meiner Standeskollegen fiel der Wandel, den ich vollzogen habe, natürlich auf. Darauf angesprochen begann ich, dem einen oder anderen davon zu erzählen und manchen auch fallweise zum Erfolg zu coachen. Jetzt ist es mein Ziel, dieses Wissen weiterzugeben. Denn der Prozess ist kein Geheimnis und verlangt keine außergewöhnlichen Talente. Vor zehn Jahren hätte ich mir selbst einen funktionierenden Bauplan für meine Kanzlei gewünscht. Damals hatte ich diesen nicht, doch heute kann ich ihn in Form meiner Erfahrungen weitergeben.

Oft ist es nicht nötig, das Rad völlig neu zu erfinden. Einfacher und vor allem sicherer ist es, erfolgreichen Beispielen zu folgen, sofern eine grundsätzliche Vergleichbarkeit der Rahmenbedingungen gegeben ist. Von den Champions der Branche oder einer Berufsgruppe zu lernen, ist eine äußerst ökonomische Variante, um Herausforderungen anzugehen. Fragt man sich z. B., wie ein großer Fuhrpark gemanagt wird, dann ist es sicher einfacher, zuvor Firmen wie „Sixt" oder „Europcar" näher zu betrachten, als selbst bei „null" anzufangen. Man muss ja nicht alle Fehler wiederholen, die andere schon vor einem gemacht haben.

3.1   Vorläufiges Fazit

Meine Erkrankung vor einigen Jahren war mein persönlicher Weckruf, um meine bisherige Auffassung von einer guten Kanzleiführung einer grundlegenden Überprüfung zu unterziehen. Nach reiflicher Überlegung habe ich damals einen erheblichen Kraftaufwand aufgebracht, um mein Unternehmen nachhaltig umzustrukturieren. Das Ergebnis war nicht nur die weitaus produktivere und effizientere Tätigkeit meiner Kanzlei, sondern vor allem der deutliche Gewinn an Lebensfreude für mich und meine Mitarbeiter.

Teil II
Impulsgeber Luftfahrt

Warum auf die Luftfahrt blicken?

Die Grundsätze des von uns beschriebenen Veränderungskonzepts entnehmen wir der Luftfahrt-Branche (siehe Abb. 4.1) beziehungsweise dem Flugverkehr. Dort hat man bereits vor Jahrzehnten erkannt, dass das rasant zunehmende Flugaufkommen nicht mehr mit den bis dahin geltenden Grundsätzen von Team- und Mitarbeiterführung sowie der damals geltenden Prozesskultur sicher zu bewältigen war. Die Airlines hatten mit ihrem Konzept Erfolg: Fliegen wird trotz des

Abb. 4.1 Ein Flugzeug wird auf dem Flughafen beladen. (Quelle: © Maria/Fotolia)

© Springer Fachmedien Wiesbaden GmbH, ein Teil von Springer Nature 2018
T. Siegel und M. Wunderlich, *Steuerkanzleien erfolgreich führen*,
https://doi.org/10.1007/978-3-658-20339-9_4

hohen Flugaufkommens immer sicherer. Dieser Erfolg beruht jedoch nicht darauf, dass Piloten noch besser fliegen lernen, sondern darauf, dass sie prozessuale und interpersonelle Kompetenzen aufbauen und die Weiterbildung optimieren. Wenn auch nicht auf den ersten Blick ersichtlich, handelt es sich hierbei um eine übertragbare Blaupause, die Steuerberater nutzen können. Den Airlines ist der Wandel nachweislich auf einem Hochleistungsniveau gelungen. Natürlich ist nicht alles übertragbar, doch viele Grundprinzipien sind für die Steuerberatungsbranche zweckdienlich anwendbar.

Diese Methoden wurden von den Airlines zwar entwickelt, um gefährliche Risiken zu senken und nicht um Beratungsfirmen einen innovativen Ansatz zu verschaffen, sich erfolgreich auf dem Markt zu positionieren. Dennoch enthalten sie äußerst hilfreiche Kernaussagen. Diese Grundsätze funktionieren seit Jahrzehnten unter Extrembedingungen, in jeder Kultur, jeder Sprache, bei jedem Geschlecht und unter allen Wetterbedingungen, 365 Tage im Jahr. Die Fehlerquote fällt bei nur einem Totalverlust pro 100 Mio. Flugstarts – zum Glück – vergleichsweise gering aus.

Um die Erfolge der Luftfahrt auf eine Steuerkanzlei zu übertragen, muss man im ersten Schritt die damaligen Herausforderungen betrachten sowie die daraus resultierenden Schlussfolgerungen und Maßnahmen analysieren.

4.1   Kernleistungsprinzipien der Luftfahrt

Die gesteigerte Flugsicherheit in den letzten Jahrzehnten basiert nicht allein auf technischen, sondern insbesondere auf menschlichen Faktoren. Gerade deswegen sind diese Erkenntnisse so gut auf andere Branchen und eben auch auf die Steuerberaterbranche übertragbar. Das Vorhandensein der für den Betrieb einer erfolgreichen Steuerkanzlei notwendigen Räume und EDV-Ausstattung wird hierbei als gegeben vorausgesetzt, genauso wie ein regelmäßig gewartetes Flugzeug eine zwingende Grundbedingung der Luftfahrtindustrie darstellt.

Was sind also die Kernpunkte, mit denen die Luftfahrtindustrie ihre Sicherheit signifikant erhöhen konnte, von denen Steuerberater etwas lernen können?

1. Konsistente Top- Qualität liefern – trotz komplexer Vernetzung, Druck, Stress und konstantem Wandel
2. Workload Management – täglich Hochleistung abliefern, ohne sich aufzureiben und auszubrennen
3. Schnell gute Entscheidungen treffen – trotz einer ständigen Informationsflut

4. Klar kommunizieren – effektiv, respektvoll und angenehm arbeiten über Team- und Unternehmensgrenzen hinweg
5. Teamarbeit und Führung vorgeben – wenn Führung notwendig ist. Sich von alten Denkmustern befreien, eine Fehler- und Verbesserungskultur aktiv leben
6. Human Factors – die menschliche Psychologie und das Verhalten verstehen und berücksichtigen.

Wie bereits erwähnt, beruht der Erfolg der Luftfahrt vor allem auf einem gezielten Umgang mit menschlichen Faktoren. Diese menschlichen Faktoren wurden von der Luftfahrt zuvor lange nicht genügend berücksichtigt. In früheren Jahren hatte man sich vorrangig auf die technischen Fähigkeiten und die Steuerung des Flugzeugs selbst konzentriert. Doch nur ein guter Pilot zu sein, reicht irgendwann nicht mehr aus. So wie heute steuerrechtliche Fachkompetenz allein nicht mehr genügt, um erfolgreich eine Kanzlei zu führen.

4.2 Notwendige Fehlerursachenanalyse

Vor mehr als zwei Dekaden mussten sich die Airlines einem nachhaltigen Veränderungsprozess unterziehen. Nicht, weil sie dies unbedingt wollten, sondern weil das eigene Überleben auf dem Spiel stand. Eine Faustformel besagt, dass Fluggesellschaften grundsätzlich nur einen Totalverlust pro Jahrzehnt wirtschaftlich verkraften können, da es andernfalls zu einer signifikanten Kundenabwanderung kommt. Aus diesem Grund hat die Luftfahrt im Laufe der letzten Jahrzehnte ihre Instrumente, Verfahren und Methoden kontinuierlich weiterentwickelt und optimiert. Dies war und ist zwingend notwendig, denn bei einem rasant steigenden Flugaufkommen und weltweitem Airlines- und Flughafenwachstum nehmen die Komplexität der Aufgaben und die damit einhergehenden Gefahren stetig zu. Ein auffälliges Betriebsversagen einer Airline verzeiht der Markt hierbei kaum.

Wie ist das in Ihrer Steuerkanzlei und in Ihrem Verantwortungsbereich? Würden Ihre Mandanten nachhaltige Fehler und ein schweres Missmanagement akzeptieren?

Vermutlich nicht. Dennoch müssen Sie natürlich keinen Jet fliegen. Schwerwiegende Fehler in einer Mandanten-Angelegenheit hätten zwar nicht ähnlich dramatische Auswirkungen wie bei einer Airline, doch mittel- und langfristig kann sich keine Kanzlei solche Crashs leisten. Daher lohnt es sich für jeden – egal, welche Position er in der Steuerkanzlei einnimmt –, diese Konzepte und Methode einmal genauer zu betrachten. Vorfälle, die sich wie ein totaler Schubausfall anfühlen, hat sicher jeder schon einmal erlebt. Wenn ein Mandat gefährdet ist, in einer Betriebsprüfung Ungemach droht, mehrere Mitarbeiter gleichzeitig ausfallen oder Sie sich in einer Situation unter Druck schnell entscheiden müssen, selbst wenn Sie nicht über alle Informationen verfügen. Vielleicht können Sie sich an einen Fall erinnern, wo Sie unter Zeitdruck dachten: „Wie soll das nur gut gehen?"

Unfälle in der Steuerkanzlei kommen in der Regel zeitlich stark versetzt als Haftungsfälle, als Mandats- oder Mitarbeiterkündigungen auf den Tisch und werden nur von den Betroffenen oder einem kleinen Kreis bemerkt. Geschieht ein Unfall in der Luftfahrtindustrie, laufen die Bilder innerhalb von 30 min über die Fernsehbildschirme in aller Welt. Daher sind die Airlines in einem höheren Maße zu einem konsistent hohen Qualitätsniveau gezwungen als die meisten anderen Branchen – Steuerberater miteingeschlossen.

Dieser hohe Leistungsstandard ist nicht einfach per se vorhanden – die Airlines haben sich diesen hart erarbeitet. In der Öffentlichkeit denkt man beim Stichwort „Luftfahrt" vor allem an eine hohe Produktsicherheit und ein äußerst strukturiertes Arbeiten, doch was kaum jemand außerhalb der Luftfahrt weiß, ist:

Die Airlines haben genau das Kernprinzip der menschlichen Kommunikation und Teamarbeit analysiert und dokumentiert. Auf diese Weise wurde es erlernbar und lässt sich gezielt in die Prozesse einpflegen und managen (siehe Abb. 4.2).

In einer stark technikorientierten Branche würde man es zunächst nicht vermuten, doch gerade im Bereich Kommunikation, Führung, Teamwork, Training und Fehlermanagement hält die Luftfahrt wertvolle Methoden und Tools für andere Branchen bereit. Auf den ersten Blick mögen diese Themenfelder nicht von primärer Wichtigkeit in einer Steuerkanzlei erscheinen, schließlich steht zunächst das Steuerrecht im Vordergrund. Doch es sind die Menschen und ihr Umgang mit den täglichen Herausforderungen, die letztendlich eine Kanzlei erfolgreich machen.

Die Luftfahrtbranche im Allgemeinen und das Berufsbild des Piloten im Speziellen haben tatsächlich strukturelle Ähnlichkeit mit den Anforderungen an einen heutigen Steuerberater. Vor allem die Anforderungen an das menschliche Verhalten sind universell und damit branchenunabhängig. Daher ist die Luftfahrt grundsätzlich

... Steuerberatung sicher landen

Abb. 4.2 Übertragbare Methoden der Luftfahrt

dazu geeignet, als Impulsgeber für die Steuerberaterbranche zu dienen – umso mehr, als sie vor einigen Jahren vor ganz ähnlichen Herausforderungen stand wie die Steuerkanzleien heute. Aus diesem Grund lohnt es sich, als Steuerberater die übertragbaren Grundprinzipien näher zu betrachten.

4.3 Insider-Einblicke: Wie die Luftfahrt das Hochleistungsmanagement entdeckte

Bis in die 1970er Jahre hinein nahm die Zahl der technisch bedingten Unfälle in der Luftfahrt zwar stetig ab, dennoch gab es weiterhin viele schwere, nicht hinnehmbare Vorkommnisse. Die Unfälle verliefen stets nach ähnlichen Mustern, die darauf hindeuteten, dass die Technik nicht die Hauptursache war. Zwar führten stets mehrere Faktoren, also eine Verkettung unglücklicher Umstände, zu einem Desaster, doch der eigentliche Auslöser war oft menschliches Fehlverhalten: Ein Treibstoffmangel wurde zu spät festgestellt, ein Funkspruch nicht wahrgenommen, der Pilot flog zu schnell oder zu tief oder bekam keine Starterlaubnis. Dies war umso erstaunlicher, da die Piloten der Unfallflüge in der Regel stets sehr erfahrene Kollegen waren. Die Airlines hatten also ein Problem mit der Kommunikation, mit dem Teamwork, zudem waren sie nicht genügend selbstkritisch und überschätzten sich, standen unter Stress, hatten Schwierigkeiten, bestimmte Richtlinien umzusetzen, und ähnliche Faktoren – kurzum: Es lag an den sogenannten *Human Factors*. Diese typischen Gefahrenquellen sowie effiziente Methoden, anhand derer diese Risiken beherrscht werden können, stellen wir Ihnen in den nachfolgenden Kapiteln vor.

4.4 Vorläufiges Fazit

Jede Kanzlei wünscht sich einen möglichst fließenden Verlauf des Beratungsalltags ohne jegliche Makel. Doch um die Tätigkeit einer Steuerkanzlei möglichst einwandfrei, effizient und produktiv zu organisieren, müssen zunächst die typischen Ursachen von menschlichem Versagen, Irrtümern und anderen Missgeschicken aufmerksam und aufrichtig ermittelt werden. Nur wer die typischen Fehlerquellen kennt, wird diese Risiken durch das Ergreifen entsprechender Gegenmaßnahmen nachhaltig vermindern können.

Menschliche Grenzen kennen und beherrschen – das *Human Factors*-Management

5

Irren ist menschlich. Daher lassen sich Fehler grundsätzlich nicht völlig vermeiden. Trotzdem darf man angesichts von Fehleinschätzungen weder den Kopf in den Sand stecken noch resignieren, sondern muss die Ursachen und Folgen menschlichen Fehlverhaltens erkennen und bekämpfen. Gerade in der Luftfahrt können kleine Irrtümer dramatische Szenarien auslösen. Aus diesem Grund war das Flugwesen mehr als jede andere Branche gezwungen, sich mit menschlichen Versagen auseinanderzusetzen. Dieses Kapitel zeigt, wie die Airlines menschliche Fehlerquellen aufspürten, erfassten und welche Gegenmaßnahmen sie entwickelten.

5.1 Absturz in die Everglades und die tödlichen Folgen von Unaufmerksamkeit

Beispiel

Flug 401 der Eastern Airlines
Im Jahr 1978 stürzte ein fabrikneues Flugzeug nur ca. 30 km vom Airport Miami entfernt in die Everglades (siehe Abb. 5.1) ab. Es war der tragische, weltweit erste Absturz eines Großraumflugzeugs. Die erfahrene dreiköpfige

Abb. 5.1 Die Everglades. (Quelle: © jovannig/Fotolia)

© Springer Fachmedien Wiesbaden GmbH, ein Teil von Springer Nature 2018
T. Siegel und M. Wunderlich, *Steuerkanzleien erfolgreich führen*,
https://doi.org/10.1007/978-3-658-20339-9_5

Cockpit-Crew hatte sich auf eine defekte Fahrwerksanzeige konzentriert und in der Dunkelheit nicht gemerkt, dass die Maschine in der Warteschleife an Höhe verlor. Der Fluglotse, der den Höhenverlust bemerkte, kontaktierte die Crew mit „Bei euch alles okay?", sprach den Höhenverlust aber ebenfalls nicht konkret an.

Vielleicht haben Sie sich auch schon mal durch andere Dinge ablenken lassen, anstatt sich auf die wesentlichen Bedürfnisse Ihrer Mandanten zu konzentrieren? Haben Sie eventuell Probleme nicht konkret benannt, in Ihrer Kanzlei nicht ausreichend kommuniziert und ist deswegen eine Frist versäumt worden, ein Mandat gekündigt oder eine fehlerhafte Steuererklärung verschickt worden ...?

Meistens endet Fehlverhalten im Büro glücklicherweise weitaus unspektakulärer als in der Luftfahrt und findet im betrieblichen Alltag jenseits der Öffentlichkeit statt. Diese kleineren Fehler kennt jeder von uns: ein fehlerhafter Jahresabschluss, der korrigiert werden muss, versehentlich in der Steuererklärung nicht angesetzte Aufwendungen, die im Einspruchsverfahren nachgeschoben werden und Ähnliches. Solche Fehler kosten Zeit und Geld oder nagen am eigenen Image und dem des Auftraggebers. Dies ist umso ärgerlicher, da die meisten Vorkommnisse leicht vermeidbar gewesen wären.

5.2　Prüfung eines Einkommensteuer-Bescheides

Beispiel

Die in der Kanzlei relativ neue Mitarbeiterin (siehe Abb. 5.2) erhält zur Prüfung einen Einkommensteuer-Bescheid eines Mandanten, der vierzehn Fonds-Beteiligungen hält. Mit Akribie stimmt sie – zusammen mit ihrem erfahrenen Kollegen – die zugerechneten Einkünfte mit den Fonds-Gesellschaften ab. Drei Tage vor Fälligkeit der Einkommensteuer-Nachzahlung von EUR 40.000 teilt sie dem Mandanten mit, dass der Bescheid richtig ist und die Nachzahlung berechtigt abgebucht wird. Der Mandant kündigt daraufhin das Mandat, weil er andere Vorstellungen von einer effizienten Arbeitsweise einer Steuerkanzlei hat.

Ähnlich lag das Problem der Crew im obigen Beispiel – wenn auch mit weitaus fataleren Folgen. Die gesamte Cockpitbesatzung kümmerte sich um ein zwar kritisches, aber nicht existenzielles Problem und vernachlässigte dabei ihre Hauptaufgabe: das Fliegen. Die goldene Regel des Fliegens lautet: *„Fly the Aircraft first!"* Nicht einmal die Nachfrage des Fluglotsen ließ die Piloten ihr eigentliches

Abb. 5.2 Bei der Prüfung des Bescheids. (Quelle: © undrey/Fotolia)

Fehlverhalten, den Verlust an Höhe, bemerken. Der Lotse beging ebenfalls eine Unachtsamkeit, da er das Problem nicht genau ansprach. Hätte er gesagt „Achtung! Ihr verliert schnell an Höhe!", wäre es wohl nicht zum Absturz gekommen.

5.3 Systematische Fehleranalyse

Wie bereits in Kap. 4 erwähnt, begannen die Airlines in den frühen 70er Jahren Vorfälle, Unfälle oder Beinahe-Unfälle in großer Zahl zu erfassen, um auf dieser Basis eine konsequente Ursachenanalyse durchzuführen. Die Untersuchungen führten zu einem ebenso eindeutigen wie erstaunlichen Ergebnis: Die Piloten waren nur unzureichend auf ihre Aufgaben vorbereitet. Ihr Tätigkeitsfeld hatte sich infolge der anspruchsvolleren Technik (z. B. Jet-Zeitalter) und des rasant zunehmenden Flugverkehrs stark gewandelt. Anders als in den frühen Jahren der Luftfahrt standen nicht mehr das eigentliche Lenken und Manövrieren des Flugzeugs im Vordergrund, sondern die Systembeherrschung und die Abstimmung mit den Bodendiensten und der Technik. Autokratische Kapitäne und deren „Assistenz"-Piloten beherrschten die damit verbundene Komplexitätszunahme nicht mehr – die gesamte Team-Interaktion war neu auszurichten.

Die Airlines mussten damals erkennen, dass es nicht ausreicht, zwei technisch hoch qualifizierte Piloten und einen Bordingenieur in ein Cockpit zu setzen, wenn diese vielfach falsch oder unzureichend interagierten.

Die richtige Interaktion ist in allen Branchen wichtig und so ist sie auch bei einer Jahresabschlussbesprechung mit Ihrem Mandanten essenziell: Die wenigsten Mandaten haben ein Interesse daran, dass der Steuerberater eine Stunde oder mehr mit seinen Fachkenntnissen umfänglich glänzt und den Jahresabschluss bis ins letzte Detail erläutert. Aktives Zuhören, was sich im privaten und beruflichen Umfeld des Mandanten tut, wirkt sich in der Regel viel besser auf das Kundenverhältnis aus.

Gerade der Themenbereich *Soft Skills* wird auch in anderen Unternehmen wichtiger. Immer öfter hört man von vielen Unternehmen aus verschiedenen Branchen die Aussage: „*We don't hire for skills, but for attitude!*" – „Wir suchen die Leute mit der richtigen Einstellung und den richtigen Soft Skills, keine reinen Experten!". Fachkompetenz ist eine notwendige, heute aber – anders als früher – keine alleinige Voraussetzung mehr. IT´ler können zum Beispiel nicht mehr einzeln oder nebeneinander vor sich hin programmieren, sondern sie sollen Seite an Seite mit den operativen Kollegen arbeiten und die Prozesse und Kunden verstehen. Nichts anderes gilt für eine Steuerkanzlei: So müssen zum Beispiel die verschiedenen Bearbeitungsprozesse bei der Erstellung der Buchhaltung über die Erstellung des Jahresabschlusses hin zur Erstellung der Steuererklärung bis zur Prüfung der Bescheide zwingend aufeinander abgestimmt sein – wäre dies nicht der Fall, käme es einem Flug ohne Fluglotsen gleich.

Die Airlines haben diese Wandlung schon vor Jahrzehnten vollzogen. In der Personalauswahl sowie in Ausbildung und Training durfte der Fokus seit Mitte der 1980er-Jahre nicht mehr allein auf flugtechnische Fähigkeiten gerichtet sein, sondern musste vor allem sogenannte *Non-Technical Skills,* also nichttechnische Kompetenzen, umfassen. Dazu gehören Abstimmung, Teamarbeit, Kommunikation und Selbstmanagement.

5.4   Die Maßnahmen der Airlines: Das „Human Factors"-Management

Als „*Human Factors*"-Management bezeichnet man eine bestimmte Methodik zur Beherrschung und Reduzierung von menschlichen Fehlern im betrieblichen Umfeld. Die Grundlage dieser Disziplin ist eine umfassende Kenntnis der typischen menschlichen Fehlerquellen: denn um den Auswirkungen menschlichen Fehlversagens begegnen zu können, bedarf es des Wissens dieser menschlichen

Faktoren *(Human Factors)*. Hierbei handelt es sich um all jene Umstände und Faktoren, die den Menschen in seinem Handeln alleine oder im Team beeinflussen. Die *Human Factors* umfassen charakterliche Fähigkeiten und Grenzen, wie die Wahrnehmungsfähigkeit, Stressresistenz, Anpassungsbereitschaft, Teamfähigkeit oder das Dominanzverhalten. Darüber hinaus nimmt auch das soziale Umfeld erheblichen Einfluss auf die *Human Factors*. Hierbei spielen vor allem das Teamwork und die Herausforderungen in Verbindung mit der Kommunikation eine tragende Rolle. Nicht zuletzt entscheidet auch die physische Arbeitsumgebung, etwa die Arbeitsplatzgestaltung und die IT-Unterstützung, in welchem Umfang menschliche Fehler auftreten können.

Im Cockpit wird das *Human Factors Management* in leichter Abwandlung als *Crew Resource Management* (CRM, siehe Kap. 7) bezeichnet. Dessen Ziel ist es, dass die Piloten lernen, sich die Konsequenzen ihres Handelns bewusst zu machen und dementsprechend zu agieren. Das Personal wird hierdurch befähigt, ein angemessenes Situations- und Fehlerbewusstsein zu entwickeln und eine durchdachte Team-Interaktion aufzubauen. Mitarbeiter sollen lernen, Informationen systematisch zu nutzen und zu teilen, sich ggf. zu beraten sowie Entscheidungen anzukündigen.

Weitere Maßnahmen der Luftfahrt waren die *Operating Procedures,* anonyme Fehlermeldesysteme sowie Verbesserungen bei der Auswahl und beim Training von Piloten. Darüber hinaus setzten sie flachere Hierarchien im Cockpit durch: Der rangniedrigere Co-Pilot durfte nicht nur eingreifen, sondern musste dies auch konsequent tun, wenn er einen Arbeitsfehler bei seinem Kapitän bemerkte. Vorher hatten Co-Piloten aus Angst oder Respekt selbst erkennbare Fehler oft nicht angesprochen.

> In meinen Anfangsjahren im Cockpit hörte ich von meinen Kapitänen nicht selten die Ansage: ‚Dort, wo du jetzt sitzt, lag früher meine Mütze!' Und dies entsprach exakt der Arbeitseinstellung dieser Piloten im Hinblick auf Teamwork (Cpt. Jens J. Olthoff).

Ähnliche Charaktere begegnen uns auch in Steuerkanzleien: fachlich zwar überaus kompetente und erfolgreiche Personen, die sich jedoch als Held sehen und von Teamarbeit wenig halten. Diese meist fachlich hoch kompetenten Berufsträger sind häufig Einzelkämpfer, die sich nicht gerne in die Karten schauen lassen. Sie geben ihr Wissen nicht weiter und stehen Änderungen – die ihre Position gefährden könnten – oft grundsätzlich ablehnend gegenüber.

Die Luftfahrt akzeptiert zwar zunächst die Tatsache, dass Menschen Fehler machen und dass dies auch nicht grundsätzlich zu verhindern ist. Auf diese

Grundprämisse haben sich die Airlines zwar eingestellt, doch anstatt diese Fehler zu vertuschen, sollten diese nun aufgedeckt und thematisiert werden, um so daraus zu lernen. Auf diese Weise konnten die Auswirkungen vieler dieser Fehler durch entsprechende Gegenmaßnahmen entschärft werden. Diese anerkannte Fehlerkultur trug wesentlich dazu bei, dass die Zahl von Unfällen und Vorkommnissen in der Luftfahrt stark sank. Insbesondere bei der Einführung des komplexen *Crew Ressource Management* gab es zunächst deutlichen Widerstand der Kapitäne, da diese fürchteten, ihre uneingeschränkte Macht einzubüßen. Die neuen Methoden verlangten ihnen zudem eine erhebliche Umstellung des eigenen Verhaltens und eine Anpassung ihres Selbstverständnisses ab. Für sie kam dies einer Revolution gleich – schließlich waren diese Piloten zu einer Zeit ausgebildet worden, in der das Fliegen als heldenhafte Einzelleistung glorifiziert worden war. Nun sahen sich diese Helden mit vier Kapitänsstreifen am Ärmel plötzlich mit der Kritik konfrontiert, möglicherweise Fehler zu machen, zu dominant zu führen oder stark stressanfällig zu sein.

Um die Zahl menschlich verursachter Fehler zu reduzieren, gingen die Airlines unnachgiebig und konsequent vor. Die bis dahin häufig alleinherrschenden „Cockpitfürsten" mussten sich an einen Wandel hin zur Teamarbeit und eine systematische Kommunikation gewöhnen. Hierzu waren Konsequenz, Training und Überzeugung der Airlines notwendig. Schließlich schaffte es die Luftfahrt, auch mit diesen schwierigen Zeitgenossen umzugehen, und legte auf diese Weise dar, wie sich notwendige Änderungen auch gegen große Egos und eigensinnige Einzelkämpfer durchsetzen lassen.

Die Airlines bestätigen, dass selbst in einem hoch technisierten Umfeld bestimmte *Soft Skills* elementar für den Erfolg sind, und liefern funktionierende Werkzeuge und Konzepte, mit denen sich diese managen lassen.

5.5   Vorläufiges Fazit: Bessere Entscheidungen – klare Kommunikation – stärkeres Team

Die oben genannten Methoden, Tools, Prozesse und Trainings der Airlines sind effizient und kostengünstig. Jede Airline arbeitet mehr oder weniger nach denselben Standards oder zumindest nach der gleichen Philosophie. Die Methoden beruhen auf den fundamentalen Elementen unseres menschlichen Verhaltens und sind daher universell in allen Branchen und Bereichen des Lebens anwendbar.

Die Kommunikationsstrategien der Airlines schließen die Lücke zwischen Wissen und Handeln – die höchste Leistung liegt darin, dass diese Methoden in der täglichen Arbeit wirklich angewandt werden. Die Airlines legen größten Wert darauf, dass das Training nicht beendet ist, nachdem die Inhalte vermittelt wurden. Echte Perfektion ist erst dann erreicht, wenn diese Prinzipien täglich tatsächlich 24 h, sieben Tage die Woche, implementiert sind – anders gesagt: wenn sie sämtliche beteiligten Personen sprichwörtlich in Fleisch und Blut übergegangen sind. Dazu haben Airlines regelmäßig Trainings und Feedbacks sogar im täglichen Arbeitsablauf verankert.

All diese Aspekte haben der Luftfahrt zu einem extrem hohen Leistungsniveau verholfen. Selbst wenn Sie nur einen Teil dieser Prinzipien konsequent umsetzen, werden Sie einen massiven Qualitätsgewinn in Ihrer Kanzlei erreichen (siehe Abb. 5.3).

Möchten Steuerkanzleien an die Erfolge der Luftfahrt anknüpfen und Maßnahmen des *Human Factors*-Managements implementieren, so muss sich der Blick auf eine Optimierung der Personalqualifikation und der Führungskultur richten. Bei den Mitarbeitern sollte eine kontinuierliche Sensibilisierung für das eigene Können und die Grenzen menschlicher Leistungsfähigkeit geschaffen werden. Dazu müssen die *Human Factors* in den Köpfen der Mitarbeiter tief verankert und als ein akzeptierter Bestandteil des betrieblichen Alltags in jede Phase des Beratungsprozesses (siehe Abb. 5.4) implementiert werden.

Die Luftfahrt identifizierte Kommunikationsprobleme und menschliches Versagen als eine der Hauptursachen für Crashs von Flugzeugen; ebenso beruhen viele gekündigte Mandate, frustrierte Mitarbeiter oder versäumte Fristen auf den gleichen Mängeln. In dem nächsten Kapitel stellen wir Ihnen die typischen „Fallstricke" und Ursachen für menschliches Fehlverhalten vor. Die Bedeutung des Themenbereichs für den Erfolg einer Kanzlei wird häufig unterschätzt, da diese allzu oft als vermeintlich „einfach lösbar" eingestuft werden.

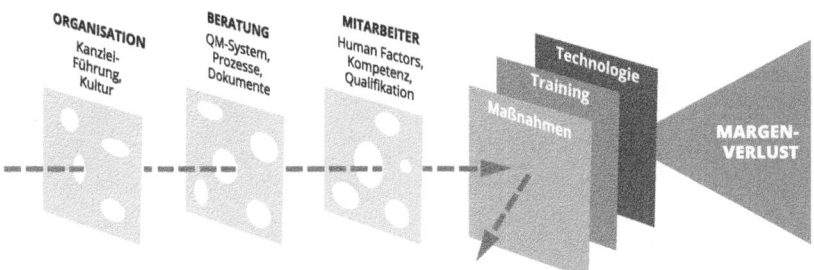

Abb. 5.3 „Schweizer Käse"-Modell: Die menschliche Leistungsfähigkeit und deren Grenzen sind für das Personal der Airlines ein gesetzlich vorgeschriebener Ausbildungsinhalt

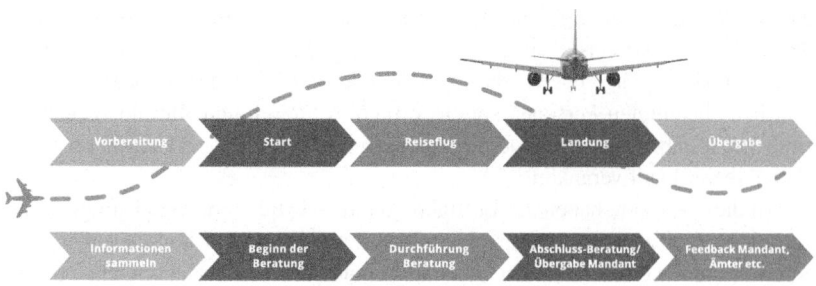

Abb. 5.4   Die verschiedenen Phasen des Steuerberatungsprozesses

Das *Dirty Dozen* – die 12 häufigsten menschlichen Fehler

Das *Dirty Dozen*-Konzept zeigt die typischen Ursachen für menschliches Fehlverhalten. Um die entsprechenden Gegenmaßnahmen entwickeln zu können und Ihrem Mandanten die richtige Beratung angedeihen zu lassen, ist es wichtig, sich mit diesen Ursachen auseinanderzusetzen. Es handelt sich hierbei auch um einen Kostenaspekt und damit einen Faktor Ihres langfristigen Organisationserfolgs! Nicht zuletzt reflektiert Fehlerbewusstsein auch die (Arbeits-)Moral und Ihren Anspruch an sich selbst. Häufig können in Unternehmen branchenunabhängig ähnliche Fehlermuster und -quellen ausgemacht werden. Die Ursachen sind oft jedermann bekannt, geraten aber in der täglichen Praxis in den gedanklichen Hintergrund. Dies sollte und muss nicht passieren.

Hier hilft das *Dirty Dozen*-Prinzip. Gordon Dupont, ein Ingenieur und späterer Unfallursachen- Chefermittler der kanadischen *„Transportation Safety Boards“*, wertete hierzu Ende der 1970er Jahre die häufigsten Fehler in der Luftfahrt aus und erfasste diese in einem Konzept. Gelänge es, diese zwölf Fehlerarten zu eliminieren oder unter Kontrolle zu bringen, ließe sich ein sehr hoher Prozentsatz alltäglicher Vorkommnisse und Unfälle vermeiden.

Im Folgenden werden die *Dirty Dozen*-Faktoren (siehe Abb. 6.1) und mögliche Präventionsmaßnahmen aufgezeigt. Viele Maßnahmen erscheinen Ihnen möglicherweise bekannt. Einige werden Sie als Binsenweisheiten abtun. Aber auch diese Maßnahmen sollten Sie verwirklichen, wenn Sie menschlich bedingte Fehler reduzieren wollen. In der täglichen Praxis erfordert die Umsetzung gerade bei den Selbstverständlichkeiten harte Arbeit an sich selbst und Ihrem Team.

© Springer Fachmedien Wiesbaden GmbH, ein Teil von Springer Nature 2018
T. Siegel und M. Wunderlich, *Steuerkanzleien erfolgreich führen*,
https://doi.org/10.1007/978-3-658-20339-9_6

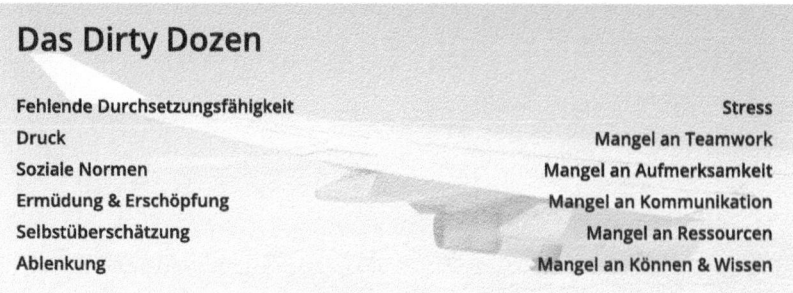

Das Dirty Dozen

Fehlende Durchsetzungsfähigkeit	Stress
Druck	Mangel an Teamwork
Soziale Normen	Mangel an Aufmerksamkeit
Ermüdung & Erschöpfung	Mangel an Kommunikation
Selbstüberschätzung	Mangel an Ressourcen
Ablenkung	Mangel an Können & Wissen

Abb. 6.1 Die gefährlichen Dirty Dozen-Faktoren

6.1   Nr. 1: Mangel an Kommunikation

Aus der Unfallforschung wissen wir, dass falsche, mangelhafte oder fehlende Kommunikation der häufigste Grund für Arbeitsfehler ist. In der Luftfahrt gilt der Asiana-Crash in San Francisco hierfür als bekanntes Beispiel (siehe Fallbeispiel „Asiana Crash in San Francisco").

Im vorherigen Kapitel haben wir die Gefahren falscher Kommunikation bereits näher dargestellt. Folgende Maßnahmen helfen bei der Reduktion fehlerhafter Kommunikation:

- Am wichtigsten ist es, sich der Ursachen und der Gefahren fehlgeleiteter Kommunikation bewusst zu werden. Dazu gehört auch das Wissen darüber, wie Kommunikation funktioniert und was sich in den Köpfen des Nachrichten-Senders und -Empfängers abspielt.
- Rechnen Sie nicht unbedingt damit, dass dem Empfänger die gleichen Informationen zur Verfügung stehen wie Ihnen selbst. Wenn Sie Ihr Gegenüber nicht oder nur wenig kennen, so berücksichtigen Sie, dass dieser nicht unbedingt die gleiche Gedächtnisleistung und Wahrnehmungsfähigkeit hat wie Sie. Gehen Sie auch nicht davon aus, dass Ihre Nachricht vom Empfänger verstanden wurde. Erbitten Sie gerade bei wichtigen Botschaften eine Rückmeldung. Erklären Sie detailliert und denken Sie hierbei an die drei K's „Korrekt", „Klar" und „Komplett" (Nähere Informationen zu den drei K's erhalten Sie in Kap. 7.). Fragen Sie in wichtigen Fällen nach, ob die Inhalte richtig und vollständig verstanden wurden.
- Stimmen Sie Ihr Vorgehen stets mit Ihren Teammitgliedern ab, um ein gemeinsames, in die gleiche Richtung laufendes Handeln sicherzustellen.

> **Beispiel**
>
> **Asiana Crash in San Francisco – die schweren Folgen mangelnder Kommunikation**
>
> Am 6. Juli 2013 kam es bei der Landung des *Asiana-Airlines*-Flug 214 von Seoul nach San Francisco – SFO (siehe Abb. 6.2) zu einem folgenschweren Unfall mit drei Toten und 181 Verletzten. Der Unfall geschah, als die Boeing B-777 zu früh aufsetzte und die wasserseitige Pistenkante streifte. Das Flugzeug war deutlich zu tief und zu langsam in den Endanflug gegangen. Ursächlich hierfür war ein menschliches Versagen der Cockpit-Crew, wobei ein wartungsbedingter Ausfall des Instrumentenlandesystems (ILS) am Flughafen SFO das Fehlverhalten zusätzlich auslöste.

Unerfahrenheit und Tagesform

Obgleich Kapitän Lee Kang Kuk über große Erfahrung mit einer B-747 verfügte, war es für ihn sein erster Anflug auf SFO mit einer B-777. Der Kapitän besaß folglich nur sehr wenig Erfahrung auf diesem Gebiet. Er sah sich mit der besonderen Herausforderung konfrontiert, einen als anspruchsvoll geltenden

Abb. 6.2   San Francisco. (Quelle: © kwphotog/Fotolia)

SFO-Anflug nicht mittels ILS, sondern „auf Sicht" durchführen zu müssen. Lee gab nach dem Unfall gegenüber der Untersuchungskommission an, sich vor der Landung unsicher gefühlt und dieses auch gegenüber seinem Trainingskapitän während der Flugvorbereitung zum Ausdruck gebracht zu haben. Ein anderer Pilot, mit dem Lee wenige Tage zuvor geflogen war, bewertete seine Leistung ebenfalls kritisch.

Menschliches Versagen und mangelnde Kommunikation
Bei der Landung assistierte dem Kapitän ein B-777 Trainingskapitän, auch der Co-Pilot hielt sich im Cockpit auf. Beide sagten aus, die Situation kurz vor dem Unglück als kritisch eingeschätzt zu haben, dennoch reagierten sie nicht angemessen. Alle drei Cockpit-Insassen erkannten insofern die kritische Höhe und Geschwindigkeit. Sie gingen jedoch davon aus, dass das Flugzeug diese über die automatische Schubregelung selbst regulieren würde. Dabei bemerkten sie nicht, dass das System abgeschaltet war.

Die Atmosphäre im Cockpit wurde von Experten später zwar als konzentriert, aber unkommunikativ beschrieben. Sie hätten während der Landephase mehr kommunizieren und den Anflugverlauf wie allgemein üblich miteinander abstimmen müssen. Zu dieser Situation hat beigetragen, dass auch der Trainingskapitän das erste Mal in dieser Funktion tätig war. Zwar hatte er mehr Erfahrung auf der B-777 als der Kapitän, seine Gesamt-Erfahrung als Pilot war aber insgesamt geringer. Daher ging der Trainingskapitän davon aus, dass sein Ausbilder im letzten Moment richtig handeln würde.

6.2   Nr. 2: Mangel an Teamwork

Wie bereits im vorherigen Kapitel erörtert wurde, kann mangelndes Teamwork Fehlverhalten bewirken und zählt deshalb zu den *Dirty Dozen*. Um einer unzureichenden Zusammenarbeit entgegenzuwirken, sollten folgende Maßnahmen ergriffen werden:

- Gute Teams zeichnen sich durch ein hohes Maß an Reflexionsfähigkeit aus. Misserfolge sollten thematisiert und nicht unter den Teppich gekehrt werden. Nur so lässt sich die Gefahr eines Wiederauftretens verringern. Führen Sie hierzu zum Beispiel strukturierte *Debriefings* nach wichtigen Ereignissen oder nach Projekten durch.
- Der Teamleiter muss dafür Sorge tragen, dass ein gemeinsames Zielverständnis entsteht und die Zielorientierung nicht aus den Augen gerät. Dabei ist

sicherzustellen, dass jeder die Ziele versteht und seine Aufgabe für die Zieler-
reichung kennt und erfüllt.

- Machen Sie Ihren Teammitgliedern klar, dass jeder seinen Beitrag zum
gemeinsamen Erfolg leisten muss. Ein eventueller Wettbewerb zwischen den
Teammitgliedern darf nur nach klaren, eng umfassten Regeln erfolgen und nie
die Teamleistung insgesamt beeinträchtigen. Im Team sollte ein partnerschaft-
licher Umgang herrschen, bei dem sich jeder auf den anderen verlassen kann.
Im besten Fall sollte mit Teammitgliedern nicht anders als mit Kunden umgegangen werden.
- Verbessern Sie die Teamidentität. Hierzu hilft es, klarzustellen, dass Projekte, die im Team erfolgreich zum Abschluss gebracht wurden, immer als ein
gemeinsames Verdienst zu betrachten sind.

6.3   Nr. 3: Druck

Druck ist unser ständiger Begleiter. Daher sollten wir Methoden zur Hand haben,
die die Folgen negativen Drucks unter Kontrolle halten. Hierzu eignen sich folgende Vorbeugungsmaßnahmen:

- Wenn Sie merken, dass Druck Ihre Leistungsfähigkeit beeinträchtigt, nehmen
Sie kurz Abstand von Ihrer Tätigkeit. Machen Sie eine kurze Pause, sammeln
Sie sich, und wägen Sie die Sachlage nochmals pragmatisch ab. Bitten Sie ggf.
einen Kollegen um Rat oder Unterstützung.
- Wenn Sie Entscheidungen unter Druck fällen müssen, nehmen Sie sich den-
noch die notwendige Zeit für eine Risikoabwägung aller Faktoren. Treffen Sie
keine endgültigen Entscheidungen, bei denen Ihnen nicht alle wesentlichen
Faktoren bekannt sind.
- Tätigen Sie Ihre Aufgaben auch unter Druck mit Sorgfalt, denn es gibt nicht
immer die Möglichkeit für spätere Korrekturen.

6.4   Nr. 4: Soziale Normen

Normen stellen innerhalb einer Organisation oder Gemeinschaft allgemein aner-
kannte Verhaltensmuster dar. Sie sind akzeptierte, i. d. R. nicht schriftlich fixierte
Regeln, mit denen Gruppen erwartete Vorgehensweisen des Einzelnen und damit
Verhaltenserwartungen definieren. Insoweit tragen Normen dazu bei, das soziale
Miteinander berechenbarer und damit einfacher zu gestalten.

Jedes Unternehmen verfügt über seine eigenen Normen. Sie sind wichtiger Bestandteil der jeweiligen Organisationskultur. Wird eine Steuerkanzlei oder eine Abteilung autokratisch geführt, hat dies oft zur Folge, dass Widerspruch gegenüber dem Vorgesetzten nicht erwünscht ist. Dem stehen Unternehmen mit hoher Teamorientierung gegenüber, bei denen kritische Äußerungen nicht nur akzeptiert, sondern ausdrücklich erbeten werden.

Grundsätzlich überwiegen die Vorteile sozialer Normen eindeutig deren Risiken, da es sich in der Regel um einen Mindestkonsens handelt, der für das gemeinsame Miteinander formuliert wurde. Dennoch können Normen auch Fehler verursachen. Daher sollten folgende Maßnahmen ergriffen werden, um die negativen Eigenschaften von Normen abzufedern:

- Werden Sie sich der Risiken schlechter Normen bewusst. Identifizieren Sie Vorkommnisse, die durch soziale Normen ausgelöst wurden oder werden könnten.
- Versuchen Sie, die Auswirkungen schlechter Normen durch schriftlich fixierte Maßnahmen (z. B. Verfahrensanweisungen) zu eliminieren oder wenigstens abzufedern.
- Thematisieren Sie schlechte Normen explizit in Schulungen, *Debriefings* und Team-Meetings. Entwickeln Sie konkrete Lösungen (z. B. Prozessanweisungen oder Training) für Ihre Mitarbeiter.

6.5   Nr. 5: Fehlende Durchsetzungsfähigkeit

Bei erkannten Problemen, Risiken oder Verbesserungsbedarf muss entsprechend gehandelt werden. Es gibt Situationen, bei denen das erforderliche Durchsetzungsvermögen zwingend notwendig ist, um das eigene Unternehmen vor einem Desaster zu bewahren.

Dazu bedarf es einer Durchsetzungsbereitschaft und -fähigkeit. Gerade von Führungskräften wird sowohl vonseiten der Geschäftsleitung als auch von den Mitarbeitern Durchsetzungsvermögen vorausgesetzt. Es ist eine zentrale Führungseigenschaft. Grundsätzlich muss jedoch jedes Teammitglied bei Missständen bereit und in der Lage sein, nachdringlich auf diese aufmerksam zu machen.

Durchsetzungsfähigkeit stellt grundsätzlich eine positive Eigenschaft dar. Gleichwohl ist die Grenze zur Rechthaberei und Pedanterie bisweilen fließend und sollte im Sinne der Teamharmonie nicht überschritten werden. Folgende Maßnahmen können das Durchsetzungsvermögen verbessern:

- Formulieren Sie Ihre Zweifel oder Anmerkungen verständlich. Klare, korrekte und komplette Kommunikation stellt eine wesentliche Voraussetzung dafür dar, dass Ihre Anregungen entsprechend umgesetzt werden. Seien Sie hierbei stets höflich und sachlich.
- Wenn Sie berechtigt sind, aktiv Einfluss zu nehmen, reden Sie nicht nur, sondern handeln Sie. Dazu gehört die Verweigerung einer Tätigkeit oder Leistung, wenn diese negative Folgen für das Unternehmen bewirken könnte.
- Denken Sie immer daran, in kritischen Situationen eine eigene Aktennotiz anzulegen und/oder E-Mails aufzubewahren. Anhand dieser Dokumente können Sie später im Zweifelsfall die Sachlage gegenüber Dritten belegen.

6.6   Nr. 6: Ablenkung

Ablenkung ist ein unvermeidbarer Bestandteil unserer täglichen Arbeit. Ablenkung entsteht durch Telefonanrufe, eingehende E-Mails, einen Kollegen, einen Vorgesetzten, die Arbeitsbedingungen sowie private Freuden oder Sorgen. Ablenkung lässt sich niemals gänzlich ausschließen. Da bei Ablenkung geplante Tätigkeiten gar nicht, unvollständig oder nicht mit der gebotenen Konzentration umgesetzt werden, ist es wichtig, damit richtig umzugehen. Folgende Maßnahmen helfen dabei:

- Entwickeln Sie ein angemessenes Bewusstsein, dass Ablenkung ein Faktor der *Dirty Dozen* ist und eine Gefahr für den Erfolg Ihrer Arbeit darstellt.
- Um Fehler zu vermeiden, sollte eine Aufgabe beendet werden, bevor Sie sich der Ablenkung widmen. Ist dies nicht möglich, so empfiehlt es sich, nach Rückkehr zur unterbrochenen Aufgabe gedanklich ein bis zwei Schritte zurückzugehen, um sicherzustellen, dass nichts vergessen wurde.
- Wenn es nicht möglich ist, die Arbeit vor der Unterbrechung fertigzustellen, kennzeichnen Sie diese, beispielsweise durch einen gelben Klebezettel.
- Wenn Arbeiten unter übermäßiger Ablenkung durchgeführt wurden, empfiehlt es sich, diese nach Fertigstellung nochmals besonders zu prüfen. Idealerweise sollte ein Kollege zur Kontrolle des Arbeitsergebnisses herangezogen werden.
- Checklisten mit Prüfpunkten helfen bei der vollständigen und richtigen Arbeitsdurchführung.
- Weitere Faktoren der *Dirty Dozen* begünstigen zusätzlich die negativen Folgen von Ablenkung. Dies gilt insbesondere für Erschöpfung, Stress oder die Faktoren Selbstüberschätzung und innere Abwesenheit.

6.7   Nr. 7: Selbstüberschätzung und innere Abwesenheit

Der Mensch neigt dazu, Dinge des täglichen Lebens zu automatisieren. Wir schalten innerlich „auf Autopilot", weil wir Tätigkeiten wie Zähneputzen, Autofahren und Kaffee kochen schon unzählige Male durchgeführt haben. Vergleichbare Beispiele kennen wir auch aus dem beruflichen Umfeld. So erstellen wir täglich Steuererklärungen, Lohnabrechnungen, Finanzbuchhaltungen und schreiben Rechnungen. Bei diesen wiederholt durchgeführten Arbeiten besteht die Gefahr, dass wir innerlich abwesend sind oder uns selbst überschätzen.

Während innere Abwesenheit durch Monotonie oder Ablenkung entsteht, ist Selbstüberschätzung eine Fehleinschätzung der eigenen Leistungsgrenzen. Der Betroffene denkt, ohne sich der Risiken bewusst zu sein: „Das kann ich im Schlaf, da mache ich nach der 500sten Einkommensteuererklärung keine Fehler mehr." Meistens stimmt dies auch. Aber gerade in Verbindung mit Ablenkung, fehlender Aufmerksamkeit oder durch marginale Änderungen am standardisierten Verfahren können eben doch Fehler auftreten.

In diesem Kontext spielt auch Unterforderung eine wichtige Rolle. Sie liegt vor, wenn die Arbeit den Mitarbeiter intellektuell nicht fordert oder ihm zu viel Zeit zur Aufgabenbewältigung zur Verfügung steht. Die Unterforderung stellt insofern ein Problem dar, weil die Aufmerksamkeit nachlässt und es daher zu einem gesteigerten Fehlerrisiko kommt. Dauerhaft unterfordernde Tätigkeiten können bei Mitarbeitern zudem leicht das Gefühl auslösen, dass ihnen keine angemessenen Aufgaben zugetraut werden. Unterforderung führt zu Langeweile und zu latenter Müdigkeit. Anders als bei der Überlastung kann richtiges Teamwork hier nur temporär helfen. In Zeiten schwacher Auslastung können zwar liegen gebliebene Arbeiten erledigt oder Prozessverbesserungen und Arbeitsvereinfachungen entwickelt und umgesetzt werden, langfristig ist dies jedoch keine Lösung. Hier ist vor allem die Führungskraft gefordert, für eine der individuellen Belastungsfähigkeit angemessene Auslastung zu sorgen.

Seien Sie sich stets der Gefahren von innerer Abwesenheit, Unterforderung und Selbstüberschätzung bewusst. Es kann sein, dass Sie damit nicht nur Ihrer Kanzlei unnötige Kosten ersparen, sondern auch Ihren eigenen Kopf retten. Mit folgenden Tipps können Sie diesen Gefahren vorbeugen:

- Achten Sie stets auf die typischen Risiken Ihres Jobs und seien Sie sich Ihrer Aufgabe nie zu sicher. Achten Sie z. B. bei Steuererklärungen darauf, ob sich die Umstände aus dem Vorjahr in irgendeiner Weise geändert haben, wie z. B. die persönlichen Daten oder eine bestimmte Rechtslage.

- Schärfen Sie Ihr Situationsbewusstsein und haben Sie stets die *Human Factors* im Hinterkopf. Dies kann mittels *Briefings* und *Debriefings* oder anhand eines *Human Factors*-Trainings geschehen.
- Benutzen Sie Checklisten, wo immer es sinnvoll und möglich ist. Seien Sie dabei konsequent. Machen Sie es wie die Piloten und arbeiten Sie vor jedem Start und vor jeder Landung Checklisten ab, auch wenn Sie zu zweit sind und diese Tätigkeiten schon hundert Mal durchgeführt haben.
- Bitten Sie Kollegen oder Fachabteilungen bei wichtigen Aufgaben um eine Gegenkontrolle.

6.8   Nr. 8: Mangel an Aufmerksamkeit und fehlendes Problembewusstsein

Beim fehlenden Problembewusstsein unterschätzt der Verursacher die Auswirkungen seines Handelns. Die negativen Folgen werden – aus welchem Grund auch immer – nicht antizipiert. Fehlendes Problembewusstsein kann eine persönlichkeitsbedingte Schwäche sein, es kann aber auch abhängig von anderen Faktoren der *Dirty Dozen*-Liste wie Ablenkung, Stress, Unterforderung oder Selbstüberschätzung entstehen. Fehlendes Problembewusstsein wird in diesen Fällen oft durch mangelnde Aufmerksamkeit ausgelöst. Der Mitarbeiter hat schlicht nicht aufgepasst.

Folgende Maßnahmen können helfen, das Problembewusstsein zu schärfen und die Aufmerksamkeit zu erhöhen:

- Entwickeln Sie bei sich oder bei den betroffenen Kollegen ein Problembewusstsein, indem Sie Risiken des Arbeitsumfelds thematisieren. Stellen Sie sicher, dass Ursache-Wirkungs-Zusammenhänge verstanden werden.
- Antizipieren Sie stets Ihre nächsten Schritte in der Beratung, Erstellung von Abschlüssen oder Steuererklärungen. Rechnen Sie dabei nicht nur mit dem Wahrscheinlichen, sondern berücksichtigen Sie auch die Risiken. Alle Fehler, die Sie sich vorstellen können, passieren auch – und noch viele mehr!
- Wenn Sie erkennen, dass Sie Probleme haben, eine Situation in ihrem gesamten Umfang einzuschätzen, bitten Sie Ihre Kollegen um Unterstützung. Ohnehin kann Teamwork jederzeit helfen, das Problembewusstsein zu schärfen.

6.9   Nr. 9: Erschöpfung

Jeder kennt Erschöpfung. Man steht beispielsweise vor dem Ende eines langen Arbeitstages oder hat am Vorabend zu viel Alkohol getrunken, zu lange gefeiert und in Folge zu wenig geschlafen. In diesem Moment ruft ein Mandant an, schildert Ihnen einen komplexen Sachverhalt aus dem internationalen Steuerrecht und braucht zudem noch in den nächsten 30 min Ihre Aussage zur steuerlichen Beurteilung. Die darauffolgende Zeit ist besonders anstrengend, weil sich der Körper in einem Erschöpfungszustand befindet. Von Arbeitsbeginn an ist die Konzentrationsfähigkeit herabgesetzt. Nach dem Mittagessen droht obendrein das „Suppenkoma". Zu der reduzierten Aufmerksamkeit gesellen sich nun eine erhöhte Vergesslichkeit und fehlende Motivation. So geschieht es, dass man Dinge, die unter normalen Umständen nicht den eigenen Qualitätsanspruch erfüllen würden, im erschöpften Zustand plötzlich durchgehen lässt.

Nicht nur von dieser kurzfristigen Erschöpfung, ausgelöst durch ein einzelnes Ereignis, droht Gefahr. Erschöpfung kann auch chronisch sein, sodass die physischen und mentalen Fähigkeiten langfristig beeinträchtigt sind. Im schlimmsten Fall handelt es sich um ein Burn-out-Syndrom.

In einem Zustand der Erschöpfung begehen Mitarbeiter daher schnell Fehler. Um die Gefahr von Erschöpfung zu reduzieren oder bestehende Erschöpfung unter Kontrolle zu halten, sollten folgende Maßnahmen ergriffen werden:

- In einem ersten Schritt ist es notwendig, sich die Erschöpfung einzugestehen und sich deren Risiken bewusst zu machen.
- Vermeiden Sie bei akuter Erschöpfung monotone Tätigkeiten, die dazu führen könnten, dass es Ihnen besonders schwerfällt, sich auf diese Aufgaben zu konzentrieren.
- Bei Erschöpfung ist es ratsam, eng mit Kollegen zusammenzuarbeiten und sie über den eigenen Zustand zu informieren. Dies setzt das entsprechende Vertrauen und ein gutes Teamwork voraus.
- Vermeiden Sie Erschöpfung im Voraus, indem Sie einen ausgewogenen Lebensstil sicherstellen. Dazu zählen sieben bis acht Stunden Schlaf pro Tag, ein zurückhaltender Alkoholkonsum, ausgewogene Ernährung sowie – sehr wichtig – regelmäßige körperliche Betätigung.

6.10   **Nr. 10: Stress**

Der Faktor Stress ist ein besonders gefährlicher Begleiter im Berufsleben. Da Stress ebenfalls zu den *Dirty Dozen* zählt, ist es wichtig, Strategien zu dessen Beherrschung zu kennen. Folgende Maßnahmen können dabei helfen, Stress in den Griff zu bekommen:

- Zunächst sollten Sie ein Bewusstsein für die Risiken von Stress entwickeln. Es geht darum, sich der wichtigsten Stressfaktoren und deren Wirkung auf die individuelle Leistungsfähigkeit und die Team-Interaktion bewusst zu werden. Auch hier können *Human Factor*-Trainings helfen.
- Sorgen Sie für ein grundsätzlich harmonisches und auf gegenseitiger Wertschätzung basierendes Team-Klima. Dieses ist nicht nur eine wesentliche Erfolgsvoraussetzung für Ihre Kanzlei, sondern es senkt auch das Stressniveau. Die positive Teamatmosphäre hat erheblichen Einfluss auf die Arbeitsleistung und den Umgang mit Risikosituationen.
- Wenn Sie stark gestresst sind, ist es oft hilfreich, die Arbeit kurz zu unterbrechen. Gönnen Sie sich eine kleine Pause. Führen Sie ein Gespräch und reflektieren Sie über die Aufgabe oder Stresssituation. Oft gewinnen Sie durch diese Unterbrechung ein wenig Zeit und den notwendigen Abstand, um die Situation frisch zu betrachten und Ihre Prioritäten für das Wesentliche neu zu ordnen.
- Fordern Sie in Stresssituationen Teamunterstützung an. Eine Kontrolle durch Kollegen kann die Gefahr von Fehlern reduzieren.
- Trainieren Sie Stresssituationen. Wenn Sie wissen, wie Sie sich unter starkem Stress verhalten, können Sie andere, vorteilhaftere Verhaltensweisen einüben. Dies ist übrigens der Grund, weshalb Großunternehmen Notfallszenarien praktizieren.
- Wenn Sie häufig während der Arbeit gestresst sind, sollten Sie die Ursachen hierfür genau untersuchen. Welche Situationen oder Personen lösen bei Ihnen Stress aus? Was ist die Ursache? Lernen Sie eventuell Entspannungstechniken anzuwenden oder nehmen Sie die fachkundige Unterstützung eines Coachs oder Psychologen bei der Analyse Ihrer typischen Stresssituationen in Anspruch.

6.11   Nr. 11: Mangelndes Wissen und Können

Mangelndes Wissen, Können und eine bestimmte, persönliche Disposition können ebenfalls Ursachen für menschliches Versagen sein. Zwar sollte mangelnde Fachkenntnis eigentlich kein Grund für menschliches Fehlverhalten sein, da es in der Regel kein Problem ist, sich das fehlende Wissen anzueignen. Hierfür helfen im Normalfall betriebliche Vorgaben, die Kollegen oder das Internet. Folgende Maßnahmen können fehlender Qualifikation vorbeugen:

- In einem ersten Schritt ist es wichtig, sich Wissensdefizite einzugestehen und ihren Umfang klar einzugrenzen. Dazu ist es allerdings notwendig, ehrlich zu sich selber zu sein und eine eventuell vorhandene Fehleinschätzung des eigenen Kenntnisstands abzulegen.
- Greifen Sie auf die Unterstützung Ihrer Kollegen zurück. Meist helfen diese sehr gern.
- Substanzielle Mängel im Bereich Wissen und Können sind grundsätzlich nicht akzeptabel. Hier kann nur eine Weiterbildung helfen. Die Identifikation von Wissenslücken ist aber nicht nur Aufgabe der Betroffenen selbst; auch die Vorgesetzten stehen hier in der Pflicht.

6.12   Nr. 12: Ungenügende Ressourcen

Ungenügende Ressourcen werden häufig als Ursache für Fehler identifiziert. Dabei kann es sich um unpassende, veraltete oder nicht instand gehaltene Geräte handeln. Auch ungeeignete Räumlichkeiten, unklare Dokumentationen, zu wenig Personal und Zeitmangel sind Ausdruck mangelnder Ressourcen.

Ungenügende Ressourcen an sich zählen dabei nicht eigenständig zu den *Human Factors,* sondern das Unvermögen des Menschen, mit ihnen umzugehen. Insoweit werden unzureichende Ressourcen vor allem in Verbindung mit anderen Punkten der *Dirty Dozen* zum Problem. Wenn Sie beispielsweise bei einer wichtigen Schlussbesprechung im Rahmen einer Betriebsprüfung merken, dass Sie aufgrund von Zeitmangel Ihre Argumente nicht ausreichend vorbereiten konnten, müssen Sie zunächst Ruhe bewahren. Führen Sie die Arbeit korrekt und in angemessener Qualität fort, ohne durch den Zeitdruck in stressbedingte Panik oder Apathie zu geraten.

Wenn Ressourcenverfügbarkeit zum Problem wird, sollten möglichst schnell Alternativlösungen gefunden werden. Hierbei helfen folgende Maßnahmen:

- Rechnen Sie nicht damit, dass Ihnen Ressourcen stets in der benötigten Menge zur Verfügung stehen. Ressourcenknappheit ist Teil des betrieblichen Alltags. Zu hohe Erwartungen sind daher gefährlich. Schätzen Sie die Lage realistisch ein.
- Handeln Sie, sobald die Arbeit aufgrund eines Ressourcenmangels nicht mehr in der gewünschten Qualität oder Zeit ausgeführt werden kann. Belegen Sie die Notsituation anhand von eindeutigen Nachweisen bei dem Gespräch mit Ihrem Vorgesetzten, sodass dieser Ihre Ausführungen nicht als Zeichen Ihrer persönlichen Überforderung deuten kann.
- Mit einer soliden Planung lassen sich ressourcenbedingte Risiken reduzieren. Kalkulieren Sie typische Risiken ein und erarbeiten Sie eine persönliche Logistik für die Ressourcenbereitstellung.
- Tragen Sie dafür Sorge, dass ungenügende Ressourcen nicht zu einem Dauerzustand in Ihrem Arbeitsumfeld werden.

6.13 Vorläufiges Fazit

Jeder der genannten *Dirty Dozen*-Faktoren stellt einen wesentlichen Risikofaktor dar. Um menschliche Fehler zu minimieren, ist es wichtig, sich mit den menschlichen Fähigkeiten und Leistungsgrenzen auseinanderzusetzen und sich der daraus resultierenden Gefahrenpotenziale bewusst zu werden. Gerade bei unübersichtlichen Abläufen, die aus komplexen Beratungsprojekten oder komplizierten Jahresabschlüssen entstehen, muss neben systemischen Schwächen immer auch mit einer hohen Wahrscheinlichkeit von menschlichen Fehlern gerechnet werden.

Um die Schwächen menschlicher Natur zu verstehen, müssen wir sie an uns selbst erkennen und minimieren. Es lohnt sich!

Das Crew Resource Management (CRM)

7

7.1 Was ist CRM?

Ein weiteres Ergebnis der umfassenden Fehleranalyse, die in den 1970er Jahren in der Luftfahrt stattfand, war die Entwicklung des sogenannten *Crew Resource Managements* (CRM). Das CRM ist eine Weiterentwicklung des im Kap. 4 vorgestellten *Human Factors*-Managements. Dieses Training rückt die erfolgreiche Teambildung als einen entscheidenden Faktor zur Reduzierung von menschlichem Versagen in ihren Mittelpunkt. Wird nämlich in kritischen Situationen die Ressource Mensch verdoppelt, reduziert sich das Risiko schwerer Fehler um mehr als die Hälfte. 1 + 1 ergibt hier deutlich mehr als 2.

Dies wurde schließlich auch wesentlich durch die Gesetzgeber vorangetrieben, die Anfang der 1980er Jahre eine systematische Auseinandersetzung mit den menschlichen Fehlerquellen bei Fluggesellschaften auf der ganzen Welt verpflichtend einführten. Im Zuge der Einführung des CRM wurden flächendeckende *Human Factors*-Trainings durchgeführt sowie weitere Neuausrichtungen in den folgenden Bereichen vorgenommen, die heute die Kernelemente des CRM ausmachen:

- Teamwork und Führung
- Kommunikation
- Situationsbewusstsein und *Workload*-Management

Der Erfolg gab der Luftfahrtbranche Recht. Mit CRM bekamen die Airlines ein Werkzeug an die Hand, mit dem es ihnen gelang, ihre Unfallzahlen deutlich zu reduzieren. Das *Crew Resource Management* hat maßgeblich dazu beigetragen, dass Fliegen heute so sicher ist.

© Springer Fachmedien Wiesbaden GmbH, ein Teil von Springer Nature 2018
T. Siegel und M. Wunderlich, *Steuerkanzleien erfolgreich führen*,
https://doi.org/10.1007/978-3-658-20339-9_7

Abb. 7.1 Flugzeug in den Wolken. (Quelle: © Riko Best/Fotolia)

Qualität und Sicherheit von Fluggesellschaften in Zahlen

Allein die Fluggesellschaften *Lufthansa, Singapore Airlines* und *Qantas* führen in Summe 5000 Flüge pro Tag durch: Das sind fast 2 Mio. Flüge pro Jahr (siehe Abb. 7.1). Trotzdem liegt das letzte schwere Unglück einer dieser Gesellschaften zum Glück lange zurück. Demgegenüber wird bei Industrieprodukten eine Fehlerrate von einem Prozent und in der Medizin von einem Promille akzeptiert. In absoluten Zahlen bedeutet dies aber, dass jährlich etwa 20.000 Menschen durch klinische Behandlungsfehler sterben. Bei derartigen Werten in der Luftfahrt würde dies zu fünf Abstürzen pro Tag und somit etwa 150 Totalverlusten pro Monat führen. Der Flugzeugbestand der drei oben genannten Airlines wäre nach etwa sieben Monaten erschöpft.

7.2 Teamwork und Führung

7.2.1 Teamwork

Der Erfolg eines Unternehmens basiert auf der Teamleistung seiner Mitarbeiter. Jeder Beitrag – egal auf welcher Position – trägt wesentlich zu dem Erfolg ihrer Kanzlei bei. Die hohe Arbeitsteilung und die Notwendigkeit umfassenden Spezialwissens führen dazu, dass auch unabhängige Freiberufler vom Know-how Dritter abhängig sind und mit ihnen zusammenarbeiten müssen. Daher ist die Teamfähigkeit eines jeden Mitarbeiters von zentraler Bedeutung. Dies gilt insbesondere für die leitenden Kräfte, weil Führung immer auch Teamführung ist. Wo eine Kooperation teamfähiger Mitarbeiter notwendig ist, bedarf es auch einer Koordination durch ebensolche Führungskräfte. Teamwork und teamorientierte Führung gehören folglich zusammen.

Neben der Mitarbeiterqualifikation bedarf es Regeln und abgestimmter Strategien für eine erfolgreiche Teaminteraktion. Das kennen wir aus dem Sport. Fußball- oder Hockeymannschaften sind nicht allein erfolgreich, weil sie gute Spieler haben, sondern weil sie ein strukturiertes und auf die Spielsituation ausgerichtetes Vorgehen haben. Dieses wird durch den Trainer vorgegeben und im Team gelebt.

Für die Sport- und Arbeitswelt gilt gleichermaßen, dass eine unreglementierte Teaminteraktion niemals zu einem systematischen, also nachhaltigen, Erfolg führen wird. Daher sind von jedem Team, ob im Sport oder im beruflichen Alltag, allgemeine Regeln und spezifische Strategien zu definieren, an die sich jeder halten muss.

In der Regel hilft bereits ein einfaches Regularium aus ungeschriebenen Normen sowie dokumentierten Vorgaben. Es kann sich dabei möglicherweise um eine formlose Anweisung handeln, die beschreibt, wie z. B. interne Kanzleibesprechungen abzuhalten sind: Es wird beispielsweise nicht unterbrochen, Handys bleiben aus, Notebooks geschlossen, bei Standard-Meetings Abarbeitung einer fest definierten To-do-Liste mit maximalen Antwortzeiten etc. In einigen Steuerkanzleien hängen solche einfachen Regeln in den Besprechungszimmern. Auf diese Weise können sich alle Teammitglieder immer wieder vergegenwärtigen, wie im Team Effizienz und Qualität aufrechterhalten werden.

Neben den übergeordneten Regeln muss jeder im Team mit seiner spezifischen Rolle vertraut sein. Dazu gehört nicht nur, die Erwartungen an die eigene individuelle Arbeitsleistung zu kennen, sondern auch zu wissen, wie die Gesamtleistung des Teams optimiert wird. Leider fällt gerade dies nicht jedem leicht, denn manch einer definiert sich eher über den eigenen Leistungserfolg als über den der Gruppe. Manche neigen dazu, ihr Wirken und ihre Einzelleistung über die des Teams zu stellen, sodass die Teamleistung aus dem Fokus gerät. „Guck mal, ich war der derjenige, der auf diese Idee gekommen ist." Der Stichwortgeber, durch den die Idee erst geboren wurde, wird nicht mehr erwähnt. Das Problem dabei ist, dass Teams dadurch ihr Potenzial nicht ausschöpfen, weil der Stichwortgeber das nächste Mal lieber seinen Mund hält, als dem ungeliebten „Solisten" zu einem nochmaligen Erfolg zu verhelfen.

Wie verbessern wir die Teamleistung?
Wenige Steuerkanzleien verbessern die Teamleistung aktiv und systematisch. Der Grund liegt im Wesentlichen darin, dass es sich hier um schwer messbare Soft-Skills handelt. Viele halten jedwede Maßnahmen, bei denen es um die Psyche des Menschen im Großen und Ganzen geht, für Unsinn, weil sich sämtliche Aktivitäten dieser Art einer kurzfristig messbaren Wirksamkeitskontrolle entziehen. So beschränken sich die Maßnahmen allzu oft auf jährliche Teamfeiern und Outdoor-Events. Weihnachtsfeiern und Klettern im Hochseilgarten haben sicher auch ihre Daseinsberechtigung. Um substanzielle Verbesserungen in der Teaminteraktion schaffen zu können, müssen die Maßnahmen jedoch an anderer Stelle ansetzen. Hierzu ist klar zu definieren, welche Ziele das Team gemeinsam erreichen möchte. Vage Vorstellungen reichen hier leider nicht aus, um ein teambasiertes

Ergebnis zu definieren, geschweige denn es zu erzeugen. Hierzu muss ein klares Teamverständnis mit klaren Spielregeln geschaffen werden. Daher ist es Aufgabe des Kanzleiinhabers, die Schulung seiner Mitarbeiter auch in diesem Bereich voranzutreiben.

Zwei- bis dreitägige Workshops reichen dabei jedoch bestenfalls, um Grundlagenwissen zu vermitteln, kaum aber, um nachhaltige Verhaltensänderungen zu erzielen. Um substanzielle Erfolge in der Team-Performance zu erzielen, muss diese anfänglich in Simulationen, später fortlaufend im betrieblichen Alltag trainiert werden. Die Menschen haben sich selbst zu begegnen. Sie sollen erkennen, wie es um ihre Teamfähigkeit bestellt ist. Hierzu muss den Beteiligten ihre Außenwirkung verdeutlicht werden: äußerliche Gestik und Mimik, verbale Kommunikation, Teamumgang in Stressphasen, Regeleinhaltung, Führung. Hierzu sind in Simulationen solche Situationen zu trainieren, in denen diese typischen Verhaltensmuster zum Vorschein kommen. Indem die Beteiligten im Nachgang mit ihrem Verhalten mittels Videoaufzeichnungen oder *Debriefing* konfrontiert werden, können sie am besten analysieren, wie weit ihre Teamfähigkeit entwickelt ist und wo noch Entwicklungsbedarf besteht. Diese wichtigen Feedbackgespräche sollten unbedingt konstruktiv, wertschätzend und ergebnisorientiert geführt werden.

Typische Beobachtungen können beispielsweise sein:

- häufiges Anderen-ins-Wort-Fallen, ständiges Unterbrechen, die Gesprächsführung an sich reißen
- andere persönlich oder deren Interesse nicht beachten, zu starke Ich-Fixierung
- fehlende Wahrnehmung der Erwartungen oder der Bedürfnisse anderer Teammitglieder
- Unterlassung notwendiger Intervention
- nicht auf den Punkt kommen, nicht nachvollziehbar formulieren
- zu leise sprechen
- nicht direkt eine Person ansprechen.

Ziel der Feedbackgespräche sollte sein, dass die Beteiligten erkennen, warum sich ein nicht genügend teamorientiertes Verhalten negativ auf die Gesamtproduktivität des Teams auswirkt. Durch das Üben von Selbstreflexion soll der Blick auf das eigene Fehlverhalten geschärft werden und neue, konstruktive Verhaltensweisen eingeübt werden. Hierbei ist wesentlich, dass alle Gespräche und der Lernprozess durch einen wertschätzenden Umgang und ein gegenseitiges Vertrauen geprägt sind.

Beispiel

Ein Pyrrhus-Sieg im Cockpit-Team – durch Eigensucht in tödliche Gefahr
Ein junger Co-Pilot, der erst kürzlich die Pilotenschule verlassen hatte, flog mit einem Kapitän, der auch sein Ausbilder war, nach London (siehe Abb. 7.2), doch leider stimmte die Chemie zwischen den beiden Piloten nicht. So saß der junge Co-Pilot nur da und versuchte, selbst möglichst alles richtig zu machen, während er gleichzeitig darauf wartete, dass dem Kapitän ein Fehler unterlief.

Und siehe da, es passierte: Da der Flug verspätet war, flog der Kapitän mit 330 Knoten statt den erlaubten 250 Knoten in den Londoner Luftraum. Die Funkanfrage des Fluglotsen ließ nicht lange auf sich warten: *„Flight 772 – What's your Speed?"* Der junge Pilot griff so schnell wie niemals zuvor zum Mikrofon und antwortete: „330 [haha]."

Darauf stieß der Kapitän aus: „Oh nein, ich glaube, wir sind zu schnell." Er drehte sich zur Seite zu seinem jungen Teamkollegen: „Sag` mal, warum hast du mich nicht darauf hingewiesen, dass ich zu schnell fliege?"

Die große Schadenfreude des jungen Piloten war schlagartig vorbei, als ihm sein eigenes Fehlverhalten bewusst wurde. Er hatte das Ausbildungsziel, stets die Teamleistung in den Vordergrund zu stellen und somit das optimale Ergebnis zu erzielen, aus sehr egoistischen Motiven missachtet und somit alle Insassen des Flugzeugs – einschließlich der Piloten selbst – in Gefahr gebracht.

Den Blick der Teammitglieder für ihre eigenen menschlichen Schwächen und Eigenarten zu schärfen, ist eine wesentliche Aufgabe des Teamtrainings. Die Königsdisziplin bildet indes die Erreichung eines holistischen Verhaltens, also die

Abb. 7.2 London aus der Luft. (Quelle: © zoltangabor/Fotolia)

Fähigkeit zu einer ganzheitlichen Betrachtungsweise. Die Teammitglieder sollen in die Lage versetzt werden, die Gesamtheit des Systems mindestens so weit zu erkennen, dass sie die eigene Rolle im Team und die Bedeutung des Teams im Prozess identifizieren können. Auf diese Weise erlangen die Mitarbeiter die Fähigkeit, die Auswirkungen ihres Handelns für den Gesamtprozess richtig beurteilen zu können, und können dementsprechend vorausschauende Entscheidungen treffen.

7.2.2 Führung

Wenngleich jeder eine Meinung über gute Führung hat, fällt es nicht immer leicht, einen gemeinsamen *Best-Practice*-Nenner zu finden. Einigkeit herrscht zumeist noch über die Aufgabe der Führung, Teams zu einer optimalen Leistung zu bringen. Auch die Kernelemente der Führung, die Richtungsorientierung und die Prozesskoordinierung, sind weitestgehend unstrittig. Doch bereits beim idealen Führungsstil scheiden sich die Gemüter. Der autoritäre Führungsstil ist leider noch immer in Deutschland weit verbreitet, obwohl er zunehmend gegen den Zeitgeist verstößt und sich der jüngeren Generation kaum noch vermitteln lässt. Zudem belegen wissenschaftliche Untersuchungen, dass eine teamorientierte Aufgabenerfüllung bessere Ergebnisse bewirkt als eine autokratisch gelenkte Wertschöpfung.

In der betrieblichen Praxis ist die teamorientierte Führung jedoch ein weites Feld, das nicht sehr klar definiert und daher oftmals stark ausbaufähig ist. In vielen und gerade in großen Unternehmen wird leistungsstarke Teamorientierung zwar gepredigt, aber nur selten überzeugend gelebt. Allzu oft dominieren interne Querelen oder betriebspolitische Spielchen, in deren Verlauf einzelne Führungskräfte im Rahmen der Teamarbeit zu sehr auf ihren eigenen Vorteil bedacht sind. Dabei stellt die Führung großer Teams mit mehreren Abteilungen und vielen hundert oder mehr Mitarbeitern eine besondere Herausforderung an die Teaminteraktion dar.

Eine gute Führungskraft zeichnet sich durch drei ausgeprägte Kernkompetenzen aus:

- Die Person muss über eine hohe fachliche Expertise verfügen, die im Vergleich zu den direkt unterstellten Mitarbeitern möglichst höher ist. Ansonsten droht die Gefahr, von den *„Direct Reports"* ausgezählt zu werden.
- Die Führungskraft benötigt ein solides Prozessverständnis und Know-how, um Verbesserungspotenziale identifizieren zu können, Verbesserungen anweisen zu können und Koordinations- und Steuerungsaufgaben angemessen ausüben zu können.

- Vor allem benötigt eine gute Führungskraft die Fähigkeit zur Selbstreflexion und eine hohe soziale und interpersonelle Kompetenz, gepaart mit einer guten Portion Erfahrung in der Entscheidungsfindung. Die ihm unterstellten Teammitglieder werden den Leiter dann akzeptieren und mittragen, wenn sie ihm zutrauen, dass er möglicherweise bessere Lösungen finden kann als sie selbst. Um einer Teamorientierung hinreichend gerecht zu werden, muss die Führungskraft auch eine Bereitschaft und Fähigkeit zur Motivation und Schaffung einer guten Arbeitsatmosphäre mitbringen – vor allem durch eine offene Kommunikation. Ein weiterer zentraler Bestandteil der interpersonellen Kompetenz ist die Befähigung zu einem wertschätzenden Umgang mit den Mitarbeitern.

Entscheidungsfindung, Partizipation und Transparenz

Jeden Tag treffen wir unzählige Entscheidungen, wobei die meisten davon aus dem Bauch bzw. der Erfahrung heraus getroffen werden. Das ist auch gut so! Würden wir jedes Mal einen Planungsprozess starten, ob wir eine alltägliche Entscheidung fällen sollen, dann wären wir am Abend noch nicht annähernd mit unseren Aufgaben fertig.

Daneben gibt es jedoch auch Entscheidungen, die sehr wohl und gut durchdacht werden müssen, weil sie bedeutende Auswirkungen haben. In diesen Fällen sollte die Entscheidungsvorbereitung im Team erfolgen. Gemeinsam werden also die Fakten, die Optionen und die Risiken zusammengetragen und bewertet, um eine fundierte und möglichst fehlerfreie Entscheidungsgrundlage zu schaffen. In dieser Phase haben die Beteiligten bei Unstimmigkeiten oder Unzulänglichkeiten zugleich eine Eingriffsmöglichkeit.

Die Entscheidung selbst ist indes kein basisdemokratischer Vorgang, sondern Aufgabe des Teamleaders. Dieser trägt die gefundenen Ergebnisse der Teammitglieder zusammen und trifft darauf basierend seine Entscheidung. Somit bedeutet dieses Vorgehen auch nicht, dass jeder gleich ist und basisdemokratisch entschieden wird. Es ermöglicht aber, dass eine fundierte Entscheidungsgrundlage gebildet wird und sich alle Beteiligten in die Entscheidungsfindung einbringen und sie so mittragen können – was sie ja letztlich auch müssen (siehe Abb. 7.3).

Allerdings tun sich viele Führungskräfte mit der Entscheidungsfindung äußerst schwer. Ursächlich ist zumeist Unsicherheit und/oder Stress. Solche Defizite können reduziert werden, indem auch die Entscheidungsfindung bestimmten Regeln unterworfen wird. Dies erfolgt in erster Linie, um dem Entscheidenden einen roten Faden an die Hand zu geben. Dazu ist es empfehlenswert, einen Entscheidungsalgorithmus heranzuziehen, der Struktur und Sicherheit schafft. Das hört sich im ersten Moment kompliziert an – geht nach kurzem Üben aber sehr schnell. In der Luftfahrt wird als Algorithmus die sog. FORDEC Leitschnur angewendet.

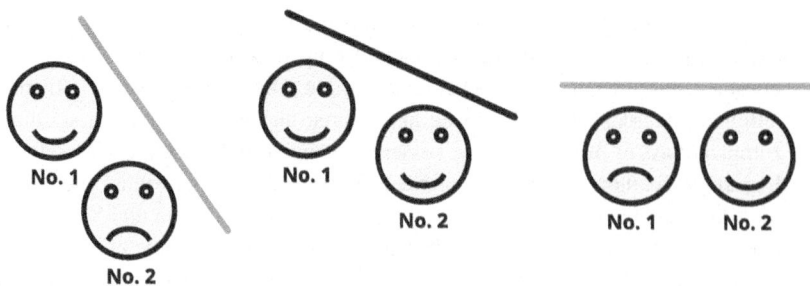

Abb. 7.3 Abflachende Hierarchie-Modelle bei Entscheidungen im Cockpit mit dem beteiligten Piloten und Co-Piloten

Dieser Ansatz legt nahe, die Entscheidungsfindung einem Prozess aus sechs sequenziellen Schritten zu unterwerfen:

F – Facts	Fakten sammeln
O – Options	Optionen ableiten
R – Risks	Risiken und Vorteile identifizieren und bewerten
D – Decision	Entscheidung treffen
E – Execution	Umsetzung
C – Check	Umsetzungsüberwachung und Wirksamkeitskontrolle

Dieses Vorgehen kann auch zur Revision bereits gefällter Entscheidungen herangezogen werden. Meist wird eine Abkehr von getroffenen Entscheidungen jedoch nicht durch mangelnde Kenntnis der Fakten begründet, sondern durch ein Eingeständnis der Führungskraft, einen Fehler begangen zu haben.

Motivation und Arbeitsatmosphäre
Wenn heute über Motivation gesprochen wird, dann meist über jene, die auf einzelne Mitarbeiter oder die anonyme Gesamtheit der Belegschaft abzielt. Ihnen wird erklärt, dass das, was geleistet wurde, eine Anerkennung durch den Vorgesetzten erfährt. Motivation und Wertschätzung finden im betrieblichen Alltag zwar statt, sind aber im Fundus der Führungsinstrumente kaum systematisch verankert. Insoweit achten allzu viele Führungskräfte zu wenig auf die Notwendigkeit der permanenten, fast gebetsmühlenartigen (aber dennoch aufrichtigen) Wiederholung von Anmerkungen, die den Mitarbeitern das Gefühl geben, ein wichtiger Teil des Teams zu sein. Dabei kosten Lob und Wertschätzung wenig, stiften aber hohen Nutzen.

Noch seltener wird die Teamanerkennung praktiziert. Diese sollte jedoch eigentlich stärkere Aufmerksamkeit erfahren als das Lob Einzelner, weil so immer wieder von neuem auch seitens der Führung verdeutlicht wird, dass der Teamgedanke stets die höchste Priorität hat. Wenn das Team annähernd teamfähig ist, dann wird diese Anerkennung nicht nur als ein Lob für gemeinsames Handeln angesehen, sondern sie wird auch die Wichtigkeit der Teamorientierung erneut verdeutlichen.

Eine wesentliche Rolle für die Arbeitsatmosphäre spielt im Übrigen auch die räumliche Unterbringung. In Zweier- und Dreier-Büros hat es sich inzwischen weitestgehend durchgesetzt, dass die Türen zur Förderung der internen Kommunikation offen bleiben. In den wenig geliebten Großraumbüros ist der Fall ohnehin klar gelagert. Wichtig ist aber auch, dass sich die Leitung von einer solchen Offenheit nicht ausnimmt. Ein großes Büro, geschlossene und undurchsichtige Türen, vielleicht sogar ein Vorzimmer sind Barrieren, die die Kommunikation auf ein Minimum beschränken und zugleich eine klare Botschaft an die Mitarbeiter senden. Das führt zu einer unnötigen Distanz zwischen der Führung und den Mitarbeitern. In einem solchen Umfeld ist es fast unmöglich, eine echte Teamatmosphäre entstehen zu lassen. Die Führungskräfte sollten eine offene Atmosphäre zu den Mitarbeitern etablieren, ohne jede Art von Kommunikationsbarrieren – egal ob im Cockpit, in Produktionsbetrieben oder aber in der Steuerberatung. Die Leitung ist Teil des Teams und muss sich auch als solches verstehen. Vorgesetzte sollten sich zu jedem Zeitpunkt ihrer Teamführungsaufgabe bewusst sein und diese auch aktiv wahrnehmen. Sie müssen ihre Führungsverantwortung zu jedem Zeitpunkt unter Beweis stellen.

Praxistipp aus der Steuerkanzlei Dr. Siegel

Im Zusammenhang mit Anerkennung und Motivation spielen natürlich auch die Zahlungen von Boni an die Mitarbeiter eine entscheidende Rolle. Hierbei ist zu beachten, dass der Aufwand und die Ertragskraft eines Mandats oft nicht in Korrelation stehen. Würde man die Boni der Mitarbeiter daher nur nach der Profitabilität der von ihnen zu betreuenden Mandate bemessen, würde dies einen Wettkampf der Mitarbeiter um die produktivsten Mandate auslösen. Die „Verlierer" dieses Wettbewerbs wären demotiviert und würden ihren weniger nutzbringenden Kunden innerlich zürnen, was möglicherweise die allgemeine Kommunikation beeinträchtigen könnte. Aus diesem Grund ermitteln wir die Höhe eines Bonus nach einem komplexen Bonussystem, das sich nur zu 15 % nach der Ertragskraft

der bearbeiteten Mandate eines Mitarbeiters bestimmt. Weitere Bonus-
punkte lassen sich beispielsweise dadurch erzielen, dass man einen neuen
Mitarbeiter „unter seine Fittiche" nimmt und einweist oder einen Lehrling
ausbildet.

Ist Führungskompetenz erlernbar?

Führungsfähigkeit ist nicht angeboren, wenngleich es Menschen gibt, die bedingt
durch ihre Erfahrung, Wahrnehmung und ihr Selbstbewusstsein besser zur Teamführung geeignet sind als andere. Aber auch diese Menschen haben sie erst
erlernen müssen, ob als Mannschaftsführer, Klassensprecher oder durch stellver-
tretende Führungsfunktionen. Überdies sind auch langjährige Führungskräfte in
der Regel nicht vollständig frei von menschlichen Fehlern. Ein nicht unerhebli-
cher Anteil der Altgedienten ist in ihre aktuellen Positionen gekommen, weil sei-
nerzeit andere Kriterien als eine ausgeprägte Führungskompetenz den Ausschlag
für die Stellenbesetzung gaben. Erfahrene wie auch angehende Führungskräfte
kann man trainieren, damit sie ihrer Aufgabe optimal gerecht werden.

Den Ausgangspunkt einer guten Führung bildet die Selbstsicherheit in der
eigenen Rolle. Dazu hilft der Aufbau soliden Know-hows auf fachlicher, interpersoneller und prozessualer Ebene. Ist dieses Wissen nämlich nicht vorhanden, entsteht Unsicherheit. Führung gestaltet sich dann schwierig, weil sich das unsichere
Verhalten auf das Team überträgt oder das Team die Unsicherheit des Vorgesetzten ausnutzen kann. Um Schwächen im Bereich der fachlichen und prozessualen
Kompetenz auszugleichen, sind vor allem Fleiß und Eigeninitiative der Betroffenen gefordert. Dieses Wissen lässt sich nämlich in der Regel selbst aneignen,
insbesondere vor dem Hintergrund, dass ein Grundwissen zumeist vorhanden ist.

Anders ist der Fall bei Defiziten auf dem Gebiet der interpersonellen Kompetenz. Hier helfen in erster Linie Führungstrainings. Oft geht es in diesem Zuge
darum, die Außenwirkung der Betroffenen zu verbessern, eine mögliche Ent-
scheidungsschwäche zu überwinden und eigenen Stress nicht an das Team weiterzugeben. Wenn auch mit anderem Schwerpunkt, so ist das Vorgehen hierfür
vergleichbar mit dem Teamtraining. Die Führungskraft muss in die Lage versetzt
werden, die eigene Wirkung gegenüber anderen zu reflektieren. Dabei geht es
allerdings nicht darum, sich zu verbiegen. Es kommt vielmehr darauf an, authen-
tisch zu wirken und mit Kommunikation und Verhalten auf andere Menschen eine
bestimmte Wirkung auszuüben. Dies darf natürlich nicht im autokratischen Sinn
geschehen, sondern sollte Menschen dazu motivieren, gemeinsam im Team zu
handeln.

Grundsätzlich kann Führungskompetenz also erlernt werden. Dies setzt jedoch den Willen und die Bereitschaft der Betroffenen zur Selbstreflexion und Anpassung voraus.

7.3 Kommunikation

Unfalluntersuchungen in der Luftfahrt zeigen immer wieder, dass die mangelnde Kommunikation der Beteiligten ein wesentlicher Faktor für die Entstehung von Vorfällen und Unglücken ist. Aus unserer täglichen Erfahrung wissen wir, dass dies nicht nur für die Luftfahrt gilt. So sind Kommunikationsprobleme auch in der Steuerkanzlei eine der Hauptursachen für Fehler. Die Folgen schlechter Kommunikation sind umfangreich und umfassen unnötige Einspruchsverfahren, Ärger mit dem Mandanten, Kosten und Zeitverlust sowie Frustration. Kommunikation ist also ein nicht zu unterschätzender Aspekt für die effiziente und fehlerfreie Durchführung von Tätigkeiten in einer Kanzlei.

Im Zuge der *Human Factors* haben wir uns bereits mit der Kommunikation beschäftigt, wollen nun aber noch auf deren Wirkungsweise und deren Funktion als Lerntool eingehen. Die Fehlerhäufigkeit im Umfeld der Kommunikation besteht darin, dass es sich bei ihr nicht nur um den nüchternen Austausch von Informationen handelt. Kommunikation dient zugleich der Systematisierung und Steuerung von Handlungen und Abläufen und stellt stets eine Interaktion von mindestens zwei Beteiligten dar. Die große Herausforderung liegt darin, dass es bei der Kommunikation nicht nur um das Senden und das Empfangen von Informationen geht. Es kommt auch darauf an, dies zum richtigen Zeitpunkt und auf eine für den oder die Empfänger verständliche Weise zu tun. Um richtig zu kommunizieren, ist es daher unerlässlich, die Funktionsweise der Kommunikation zumindest in Grundzügen zu kennen. Dazu muss man wissen, dass es beim Sprechen oder Schreiben zu einer Verschlüsselung und beim Aufnehmen und Verstehen zu einer Entschlüsselung der gesendeten Informationen kommt. Bei der Codierung kann es sich um Ironie, inhaltliche Schwerpunktlegung, Gestik, Mimik, Lautstärke, Wortwahl, Anrede oder Höflichkeitsbegriffe handeln. Durch diese Kommunikationskomplexität können Ver- bzw. Entschlüsselungsfehler eine Nachricht leicht verfälschen. Für eine gute Kommunikation gibt es daher einige wichtige und nun folgende Regeln.

Das Gesprochene oder Geschriebene muss klar verständlich sein, so klar, dass der Sender annehmen darf, von dem oder den Empfängern richtig verstanden zu werden. Hierzu hat der Sender nicht nur eine verständliche Terminologie zu verwenden, sondern idealerweise auch die Erfahrung und Motivation des

Empfängers zu kennen. Damit liegt die Herausforderung bei jeder Art der Kommunikation darin, dass diese nicht nur die eigentliche Informationsweitergabe beinhaltet, sondern immer auch auf den oder die Empfänger ausgerichtet sein muss. Somit enthält Kommunikation stets auch eine Beziehungsebene.

Für das Senden schriftlicher Kommunikation – also Briefe und vor allem E-Mails – gelten noch einige gesonderte Regeln, die zwar bisweilen banal klingen, aber dennoch sehr wichtig sind:

- Achten Sie auf die Rechtschreibung und formulieren Sie vollständige Sätze. Sie wissen selbst, dass allzu viele orthografische Fehler unnötig peinlich sind und kein gutes Bild auf Ihre Arbeit werfen. Lassen Sie daher längere Mails an Mandanten (z. B. Stellungnahmen) von einem Kollegen oder dem Sekretariat nicht nur inhaltlich, sondern auch die Orthografie auf ihre Qualität prüfen.
- Versenden Sie keine Mails, wenn Sie wütend sind. Schreiben Sie Ihre Mail, lassen Sie sie liegen und nehmen Sie sich diese am nächsten Tag wieder vor. Versenden Sie die Mail erst dann, wenn sich Ihr „Sturm" wieder gelegt hat. Sie verlieren dabei in der Regel nichts, könnten es aber bereuen, eine Mail zu schnell versendet zu haben.
- Prüfen Sie die Empfänger und den vollen Text Ihrer Mails. Dies gilt vor allem für weitergeleitete Nachrichten. Sie wären nicht der Erste, der keinen Blick auf die Mail-Historie wirft und so dem Mandanten vertrauliche oder peinliche Nachrichten zuspielt. Machen Sie sich auch Gedanken um die Verteilung und überlegen Sie, ob es wirklich notwendig ist, alle Kollegen in CC zu nehmen. Damit tun Sie nicht nur den potenziellen Adressaten einen Gefallen. Beziehen Sie zu oft nur partiell Beteiligte in Ihren Mailverkehr ein, schenken diese Kollegen Ihren Mails unter Umständen wenig Beachtung, wenn es einmal wirklich dringend oder wichtig ist.
- Kommen Sie in E-Mails auf den Punkt. Schreiben Sie Ihre Nachrichten verständlich in einer Chronologie. Machen Sie aber dabei lieber eine Angabe zu viel als zu wenig, weil Sie nicht immer davon ausgehen können, dass der Empfänger den gleichen Informationsstand oder Erfahrungshorizont hat wie Sie selbst.

Das richtige Verhalten hängt beim Empfangen von Informationen davon ab, ob es sich um schriftliche oder mündliche Kommunikation handelt. Beim Gesprochenen kommt es vor allem darauf an, den Sender anzuschauen, um die Signale der Körpersprache aufzunehmen und so die Botschaft vollständig zu entschlüsseln. Seien Sie sich stets bewusst, dass Sie auch mit der eigenen Körperhaltung Signale an den Sender übermitteln. Einige Zeichen kennen Sie selbst: zusammengezogene Augenbrauen für Skepsis, verschränkte Arme für Distanz sowie Lächeln oder Sich-zum-Sender-Wenden für Offenheit. Seien Sie sich also auch als Empfänger in der *Face-to-Face*-Kommunikation, insbesondere in kritischen Situationen, stets der Außenwirkung Ihres Verhaltens bewusst, um eine effiziente und atmosphärisch positive Kommunikation zu ermöglichen.

Nach dem Empfangen ist mindestens bei wichtigen Nachrichten eine Rückmeldung an den Sender zu geben. Dieses Schließen der Kommunikationsschleife kann schriftlich, verbal oder nonverbal (Gestik, Mimik) erfolgen.

Kommunikation erscheint uns oft sehr einfach. Richtige, effiziente Kommunikation ist jedoch kein Kinderspiel. Um die Flut von Risiken und Fehltritten in der Kommunikation zu minimieren bzw. zu beherrschen, können Regeln erstellt und so eine punktuelle Formalisierung des Informationsaustauschs geschaffen werden. Typische Beispiele sind Meeting-Regeln, Zweitkontrollen, Textbausteine in Anschreiben und Verträgen, Checklisten und Leitfäden.

Vieles ist bereits erreicht, wenn Sie sich stets der drei K's der Kommunikation bewusst sind:

Klar, Korrekt, Komplett

7.4 Briefing

Im Umfeld der Kommunikation gibt es zwei Tools, die zum wirksamen Lernen und zur Fehlervermeidung herangezogen werden können: das *Briefing* und insbesondere das *Debriefing*. Beide Methoden haben bei Flugzeugbesatzungen eine lange Tradition, da sie bereits seit mehr als 30 Jahren vor und nach jedem Flug im Cockpit sowie von der Kabinenbesatzung durchgeführt werden. Hiermit sollen anstehende Aufgaben vorbereitet bzw. die zurückliegenden Aktivitäten kritisch nachvollzogen werden.

So ist vor einer Betriebsprüfung, der Erstellung einer komplizierten Steuererklärung oder der Besprechung mit einem Neumandanten idealerweise ein *Briefing* durchzuführen. Dieses dient dazu, mit den anderen Teammitgliedern die anstehende Aufgabe abzustimmen. Im Vordergrund stehen die Fragen „Was wollen wir tun?" und „Wie wollen wir es tun?" Ein *Briefing* dient dazu, das beabsichtigte Handeln vor der Durchführung zu überprüfen und gedanklich vorwegzunehmen. So kann festgestellt werden, ob alle Beteiligten hinreichend auf ihre Aufgaben vorbereitet sind und ob alle eine einheitliche Erwartungshaltung haben.

Dabei sollen die Teammitglieder einen *Cross-Check* durchführen, indem sie ihren Wissens- und Erfahrungsstand mit dem geplanten Vorgehen abgleichen. In diesem Zuge ist es wichtig, dass die Beteiligten dazu aufgefordert werden, darauf hinzuweisen, wenn das geplante Handeln gegen die betrieblichen Regeln verstößt oder widersprüchlich zur eigenen Erfahrung ist. Eine der Grundregeln des *Briefings* lautet also, dass Teammitglieder intervenieren müssen, sobald ein betrieblich nicht konformes Vorgehen beabsichtigt ist. Eine solche Regel stellt kein *Nice-to-have* dar; die Teammitglieder sind zum Einspruch verpflichtet – anderenfalls begehen sie selbst einen Arbeitsfehler.

Nun mag der Laie denken, dass es sich sowohl im Cockpit als auch in der Steuerberatung um Standardprozesse handelt. Wenn eine erfahrene Crew von Hamburg nach München fliegt, sind die Abläufe stets die gleichen und das *Briefing* daher von geringem Wert. Es ist natürlich nicht von der Hand zu weisen, dass der x-ste Flug von HAM nach MUC sehr viel Ähnlichkeit mit dem vorherigen hat. Aber:

1. Neben wechselndem Wetter werden Einschränkungen am Flughafen (Verkehrsstau oder Baumaßnahmen) besprochen, die dem beabsichtigten Ablauf besondere Aufmerksamkeit abverlangen. Auch ändern sich die Crews und die Aufgabenverteilung.
2. Das sich wiederholende *Briefing* dient der Konditionierung für die Aufgabe sowie für die Standardisierung und Einhaltung der bestehenden Regeln. *Briefings* tragen wesentlich dazu bei, dass ein abgestimmtes Vorgehen allen Beteiligten in Fleisch und Blut übergeht.
3. *Briefings* können auch zur Gedächtnisauffrischung allgemeiner Fragen der Flugabwicklung dienen („Wo sind die Kinderschwimmwesten untergebracht?").
4. Der Austausch mit einem Kollegen oder mit dem Team kann neue Perspektiven schaffen. Die Erfahrungen aus der Luftfahrt zeigen, dass *Briefings* häufig sehr gute Ideen liefern, auf die der Einzelne selbst vielleicht nicht gekommen wäre, weil er unter Stress stand, falsch informiert war oder hat oder sich mit einer Entscheidung schwertat.

7.5   *Briefing*-Inhalte in der Luftfahrt

Briefing-Inhalte von Flugzeugbesatzungen
Vor jedem Take-off sitzen der Kapitän und der Co-Pilot im Cockpit und bereden die Gesamtheit des anstehenden Flugs. Typischerweise werden folgende Fragen besprochen:

- Wie ist das Wetter?
- Welche Route/in welchen Luftstraßen wird geflogen? Wie hoch fliegt man?
- Sind bestimmte Geschwindigkeiten oder Höhenrestriktionen einzuhalten?
- Gibt es Besonderheiten, z. B. beim An- und Abflug oder am Flughafen? Welches sind die Ausweichflughäfen?

Während typische *Briefing*-Inhalte von Flugzeugbesatzungen im grauen Kasten dargestellt sind, können für die Besprechung mit einem Neu-Mandanten die folgenden Themen in einem *Teambriefing* systematisch abgestimmt werden:

- Was sind die Anforderung des Mandanten an die Kanzlei?
- Welches Spezialwissen wird benötigt?
- Welche Personen aus der Kanzlei sind für die Bearbeitung des Mandats vorgesehen?
- Von welcher Kanzlei kommt der Neu-Mandant – gibt es eventuell einen Interessenskonflikt?
- Wie ist die Honorarakzeptanz?

Sich diese Fragen gemeinsam zu stellen, ist auch in Branchen außerhalb der Luftfahrt sehr nützlich, zumal dort die Prozesse meist deutlich weniger präzise formuliert sind. Durch die gemeinsame Beantwortung der Fragen trifft das Team eine (meist ungeschriebene) Vereinbarung, wie die anstehende Aufgabe zu lösen ist. So tragen *Briefings* maßgeblich dazu bei, dass die anstehende Aufgabe exakt beschrieben wird. Das gemeinsame Handeln im Team wird mit einer präzisen Aufgaben- und Verantwortungsübertragung an die einzelnen Mitglieder klar besprochen und jedem bewusst gemacht. Damit wird sichergestellt, dass alle Beteiligten dasselbe Ziel und die gleichen Vorstellungen haben. Mit dem *Briefing* soll also ein gemeinsames Verständnis zum Vorgehen erzielt werden. Auf diese Weise kann keiner hinterher mehr sagen, dass er etwas nicht gewusst habe oder mit dem Vorgehen nicht einverstanden war.

Der zeitliche Umfang des *Briefings* richtet sich nach den individuellen Gegebenheiten. Handelt es sich um eine Standard-Tätigkeit, reichen für eine Abstimmung unter Umständen drei bis fünf Minuten völlig aus. Im Falle einer komplexen Herausforderung oder einer neuen Kanzleistrategie sind vielleicht anfänglich ein großes und abschnittsweise mehrere kleine *Briefings* notwendig.

7.6 Debriefing

Während das *Briefing* einem Projekt oder einer Aktivität vorgelagert wird, dient das *Debriefing* einer systematischen Rückbetrachtung. Im *Debriefing* setzen sich die Beteiligten kurz zusammen, um das gemeinsame Handeln Revue passieren zu lassen. Es erfolgt also nach Abschluss einer abgeschlossenen Einheit. Das *Debriefing* findet bei Cockpit-Besatzungen nach einer Landung und dem Abstellen der Triebwerke an der *Gate*-Position statt. Von den Beteiligten ist zu diesem Zeitpunkt die Arbeitslast abgefallen und sie blicken auf ihren Arbeitstag mit mehreren kurzen Flügen oder einem Langstreckenflug zurück. Die wesentlichen Highlights eines *Debriefing* im Flugverkehr sind:

- Gab es Aktivitäten, die nicht ganz richtig gemacht wurden, oder solche, bei denen sich im Nachhinein sagen lässt, wie diese besser hätten ausgeführt werden können?
- Wurden Fehler gemacht, die während der Ausführung zunächst gar nicht wahrgenommen oder nur nebenbei festgestellt wurden (z. B. in der Kommunikation)?
- Wo zeichnete sich das Handeln durch besondere Qualität aus? Wo war das Team ungewöhnlich gut?

Bei der Beantwortung dieser Fragen und dem damit verbundenen Austausch der Wahrnehmungen der Beteiligten ist erstaunlich gut zu sehen, wie unterschiedlich die Flüge oder die Teamaktivitäten im Rückblick in Erinnerung bleiben. Dabei darf jedoch nicht mit Quantensprüngen gerechnet werden. Diese kommen in erfahrenen *Debriefing*-Teams mit stark standardisierten oder eingespielten Prozessen nur selten vor. *Briefings* in einem solchen Umfeld können oftmals zäh sein und die Kritikpunkte meist nur Kleinigkeiten betreffen, dennoch werden stets neue Aspekte zur Erreichung eines Optimums identifiziert. Es geht also vor allem darum, die kleinen, kontinuierlichen Verbesserungspotenziale aufzudecken. Die Erfahrung aus dem Alltag der Flugzeugbesatzungen lehrt, dass es bei jedem Flug Dinge gibt, die die Beteiligten hätten besser machen können.

Selbstverständlich lässt sich das *Debriefing* ebenfalls in der Steuerberatung einsetzen und auch dort können damit wertvolle Erkenntnisse und Verbesserungspotenziale identifiziert werden. Bisweilen geschieht dies bereits. Wichtig ist jedoch, dass das *Debriefing* ein fester Bestandteil der Prozesskette wird. Folgende Beispiele illustrieren einige Verbesserungspotenziale, die in einem systematischen *Debriefing* zur Sprache kommen können:

1. Beispielsweise erklärt der Steuerberater dem Bearbeiter eines Jahresabschlusses nach einer gemeinsamen Abschlussbesprechung mit dem Mandanten, dass dieser zwar den Abschluss hervorragend dargestellt und auch die steuerlichen Auswirkungen eines geplanten Kaufs einer Maschine überzeugend erklärt habe. Jedoch hätte der Mitarbeiter weniger Fachbegriffe verwenden und die wesentlichen Punkte am Ende der Besprechung für den Mandanten nochmals zusammenfassen sollen.
2. Nach der Erstellung einer komplexen Erbschaftsteuererklärung lobt der Kanzleiinhaber den erstellenden Mitarbeiter für seine genaue und umsichtige Arbeit. Er legt jedoch auch dar, dass der Mitarbeiter weitaus mehr Stunden für die Erklärung gebraucht hat als geplant, weil er noch wenig Erfahrung mit der Bewertung der vererbten Unternehmen hatte und sich hierzu einarbeiten musste. Dieser Einarbeitungsprozess hätte jedoch erheblich verkürzt werden können, wenn er einen Kollegen innerhalb der Kanzlei konsultiert hätte, der auf diesem Gebiet schon umfangreiche Erfahrung besitzt.

Sowohl das Durchführen von *Debriefings* als auch von *Briefings* ist rasch zu erlernen. Es nimmt ein bis zwei Tage in Anspruch, bis jeder der Beteiligten das Vorgehen verinnerlicht hat. Danach findet dann der Feinschliff mit betrieblichen oder persönlichen Akzentuierungen statt.

Steuerkanzleien sollten jedoch ein standardisiertes, vielleicht sogar mit Checklisten dokumentiertes, Verfahren etablieren. Wenn eine Cockpitcrew ein *Briefing* durchführt, dann basiert dies auf sehr stark eingeübten Prozessen. In anderen Branchen sind Abläufe vielfach deutlich weniger präzise formuliert und Erfahrungen mit *Briefings* und *Debriefings* kaum vorhanden. Um also den Nutzen dieser Werkzeuge ausschöpfen zu können, sollten die Mitarbeiter Hilfestellungen für eine wirksame Durchführung an die Hand bekommen. Gibt es jedoch keine klaren Regeln, besteht zudem die Gefahr, dass *Briefings* und *Debriefings* zu lange dauern und zu allgemeinen Diskussions- und Beschwerderunden mutieren.

7.7 Situationsbewusstsein (Situational Awareness)

So wie Piloten jederzeit die Lage ihres Flugzeugs und alle Umgebungsfaktoren kennen müssen, brauchen alle Mitarbeiter einer Steuerkanzlei ein Gespür dafür, wo sie sich im Ablauf ihrer Arbeit befinden und wo weitere Informationen von Kollegen, Mandanten oder Finanzbehörden ausstehen. Piloten und Steuerberater brauchen gleichermaßen ein Situationsbewusstsein. Diese auch als *Situational Awareness* bezeichnete Eigenschaft fasst die Fähigkeit zu einer ganzheitlichen Aufmerksamkeit, Wahrnehmung und Entscheidungsfindung zusammen. Sie setzt voraus, dass ein Mitarbeiter jederzeit in der Lage ist:

- alle auf ihn einwirkenden Einflüsse vollständig zu erfassen.
- die Bedeutung aller Einflüsse zu verstehen. Warum ist es so? Ist alles so, wie es sein muss?
- aus den Erkenntnissen Handlungen abzuleiten: Wie entwickelt sich die Lage? Welche Auswirkungen lassen sich hieraus ableiten? Was war die Ursache?

Notwendig ist somit eine *„Context Sensitivity"*, d. h. die Fähigkeit, gleichzeitig Situationen zu diagnostizieren, ihre Komplexität zu durchschauen und entsprechende Schlussfolgerungen abzuleiten.

In der steuerlichen Beratung setzt dies eine hohe Kenntnis des angestrebten Sollzustandes sowie des Status quo bei den zuarbeitenden Stellen und bei dem Mandanten voraus. Nur wenn es gelingt, in Ruhe und Sachlichkeit die Übersicht zu behalten, hinkt der Berater dem Beratungsverlauf zugunsten seines Mandanten nicht hinterher.

Die Herausforderung bei der *Situational Awareness* besteht darin, dass sich Situationen oder Sachverhalte im Beratungsalltag als außerordentlich komplex darstellen. Sie setzen sich aus vielen Einzelfaktoren zusammen, die es aufmerksam wahrzunehmen gilt. Dabei ist zwar nicht auf jede dieser Einzelsituationen permanent Rücksicht zu nehmen, aber sie sind dennoch zu registrieren und zu berücksichtigen. Geschieht dies nicht, können Situationen entstehen, in denen es zu Überraschungen kommt und unvorbereitetes Reagieren notwendig wird. Ein solides Situationsbewusstsein erfordert daher:

- dass die Antennen, die registrieren, was um einen herum passiert, ständig ausgefahren sein müssen.
- dass man einen „Zusatzspeicher" nutzt, in dem die wahrgenommenen Ereignisse gesichert werden und der jederzeit abrufbar zur Verfügung stehen.

Hierbei muss sich der Blick sowohl auf die Mikroebene der Einzelfaktoren als auch auf die Makroebene der Gesamtsituation richten.

- Entspricht der Fortgang der Betriebsprüfung den Vorstellungen des Mandanten?
- Was sind die nächsten Schritte?
- Sind vom Prüfer angeforderte Unterlagen weitergeleitet worden?
- Wurden Änderungen in der Rechtsprechung oder Literaturmeinungen ausreichend recherchiert und im Rahmen der Prüfung vorgetragen?
- Bestehen für die Kanzlei Haftungsrisiken aus dieser Betriebsprüfung?

Neben einer guten Wahrnehmungsfähigkeit und einer ebensolchen Auffassungsgabe hat *Situational Awareness* auch viel mit Erfahrung zu tun. So wird ein junger, unerfahrener Steuerberater viele Dinge möglicherweise gar nicht wahrnehmen, weil er die Wichtigkeit nicht so einschätzt, wie dies ein erfahrener Kollege tun würde.

Dennoch lässt sich Situationsbewusstsein teilweise erlernen. Hierfür bieten *Human Factors*-Trainings einen soliden Einstieg. Sehr hilfreich ist überdies die regelmäßige Teilnahme an *Briefings* und *Debriefings*.

Trotz Erfahrung, Veranlagung oder Training können Umstände auftreten, die das Situationsbewusstsein einschränken. Wichtige Informationen werden dann zwar vom Gehirn erfasst, aber nur eingeschränkt wahrgenommen oder nicht richtig verarbeitet; infolgedessen können falsche Schlüsse gezogen und suboptimale Entscheidungen getroffen werden. Solche Situationen entstehen vor allem dann, wenn Menschen unter Druck oder Stress geraten. Auch Müdigkeit führt zur Einschränkung des Situationsbewusstseins. Meist fokussiert sich die Konzentration dann auf einzelne Entscheidungspunkte in einer Prozesskette. Die Fähigkeit für eine holistische Betrachtung sinkt und hindert den Betroffenen daran, andere Dinge, die gleichzeitig um ihn herum passieren, wahrzunehmen. Dadurch kommt es zu einer falsch priorisierten Aufmerksamkeit. Es entsteht der berühmte Tunnelblick. Ein sehr gutes Beispiel dafür ist der Absturz von Flug 401 der Eastern Airlines in den Everglades (siehe Kap. 5). Dieses Beispiel verdeutlicht, welche verheerenden Folgen fehlendes Situationsbewusstsein in Stresssituationen haben kann. Es gilt also stets auch dann den Überblick zu behalten, wenn einzelne Probleme scheinbar alles andere überlagern. Bei folgenden situativen Begleitumständen ist übrigens besondere Vorsicht geboten, da diese typischerweise eine Einschränkung des Situationsbewusstseins nach sich ziehen:

1. Fixierung oder fokussierte Inanspruchnahme
2. Ungewissheit und Unsicherheit
3. Unklarheit und Verwirrung

4. Anwendung nicht definierter Verfahren
5. Verletzung von Standards und Vorgaben
6. Ungelöste Unstimmigkeiten
7. Nichterreichen des Leistungsziels

7.8 *Workload*-Management

Eine wirksame Methode, Situationsbewusstsein zu schaffen oder aufrechtzuer-halten, bildet auch das *Workload-Management*. Damit wird die Einteilung der Arbeitsbelastung in einzelne Arbeitseinheiten *(Workloads)* bezeichnet, um so ein zuverlässiges und hochqualitatives Leistungsergebnis sicherzustellen. Es geht also um die Entzerrung von Arbeit, bei der die Arbeitsbelastung möglichst kons-tant gehalten wird. Diese Kontinuität ist wichtig, da Tätigkeiten am zuverlässigs-ten ausgeübt werden können, wenn die Arbeitsbelastung moderat ist und keinen plötzlichen Schwankungen unterliegt. Hohe Arbeitsbelastungen führen indes zu Stress und Erschöpfung, während eine niedrige Arbeitsbelastung Ermüdung und Unachtsamkeit zur Folge hat.

Wenn von einer Entzerrung von Aufgaben die Rede ist, kann dies durch eine zeitliche oder personelle Nivellierung der Arbeitsbelastung erfolgen. So sind Tätigkeiten in auslastungsschwachen Zeiten systematisch vorzuziehen, damit in auslastungsstarken Zeiten mehr Kapazität für die wichtigen Dinge vorhanden ist. Im Zuge einer personellen Aufgabenentzerrung können sowohl Tätigkeiten als auch Bestandteile der *Situational Awareness* selbst delegiert werden. Das Situati-onsbewusstsein bleibt erhalten, weil Aufgaben von einem qualifizierten Kollegen oder Mitarbeiter übernommen werden. Im Cockpit wird dazu auf den Co-Piloten zurückgegriffen; in einer Steuerkanzlei kann es sich um eine Team-Assistenz oder einen Kollegen handeln.

Im Übrigen kann auch jeder Einzelne seine *Workload* durch Arbeitsablauf-gestaltung und Training reduzieren. Dabei geht es einerseits um die schlanke Abwicklung aller Tätigkeiten und eine effiziente Aufgabenbewältigung. Zum anderen geht es um Training im Bereich der Standardisierung und der mensch-lichen Automatisierung, indem Steuerberater lernen, bei bestimmten Tätigkeiten auf „Autopilot" zu schalten und so mehr Kapazität für die Bewältigung des Situ-ationsbewusstseins zu schaffen. *Workload*-Management mag für den einen oder anderen auch unter dem Titel guter Selbstorganisation bekannt sein und daher als Selbstverständlichkeit belächelt werden. Im beruflichen Alltag treten jedoch leider immer wieder Situationen auf, die deutlich machen, dass einige Steuerberater und deren Mitarbeiter erhebliche Mühe haben, ihre Arbeit in der effizientesten Weise zu strukturieren und abzuarbeiten.

7.9   Vorläufiges Fazit

Das *Crew Resource Management* (CRM) bietet einen breit gefächerten Werkzeugkasten zur besseren Beherrschung der vielfältigen Fehlerquellen im Beratungsablauf von Steuerkanzleien. Mit einem geschulten Situationsbewusstsein, einer verbesserten Kommunikation und einem gestärkten Teamgeist von hoch motivierten Mitarbeitern können Sie den mannigfachen Herausforderungen des Alltags deutlich besser begegnen. Ein effizientes *Workload*-Management verhindert die Risiken, die Hektik, Überforderung, Stress und berufliche „Hochdruckzeiten" mit sich bringen. Zusätzlich schützen konkret festgelegte *Briefing*- und *Debriefing*-Verfahren vor Missverständnissen und Fehlkommunikation.

Prozesse als Basis replizierbarer Spitzenleistung

Die stringente Anwendung von Prozessen hat sich neben dem *Crew Resource Management* als wirksamster Ansatzpunkt für die Flugsicherheit herausgestellt. Ähnliches gilt übrigens auch für andere Branchen, denn dort stellt die mangelnde Prozessausrichtung von Unternehmen eine der bedeutendsten Quellen für strukturelle Minderqualität und Ineffizienzen dar. Leider werden in vielen Steuerkanzleien Maßnahmen zur Prozessorientierung nicht genügend konsequent umgesetzt. Dieses Kapitel stellt die wichtigsten Schritte auf diesem Gebiet vor.

8.1 Prozessorientierung im betrieblichen Alltag

Der Druck des Marktes, verbunden mit der Dynamik in der Steuerberaterbranche, hat zur Folge, dass sich nun auch Kanzleien immer weniger Ineffizienzen leisten dürfen.

Leider gelingt dies allzu oft nur unzureichend. So können die Haftpflichtversicherer der Steuerberater von unzähligen Haftungsfällen berichten, die ihre Ursache in einer schwachen Prozessorientierung haben. Dieses Thema betrifft selbstverständlich nicht nur Steuerkanzleien. Auch bei bekannten Großunternehmen werden immer wieder schwere Produktions- oder Entwicklungsfehler bekannt. Beispiele liefern etwa der Dieselskandal bei VW, das durch fehlerhafte Akkus entflammbare Samsung-Handy und in der Luftfahrt der *Dreamliner,* der nach seiner Markteinführung wegen Batterieproblemen mehrere Monate am Boden bleiben musste, oder die Haarrisse in den Tragflächen des A380. Nach derart folgenschweren Ereignissen fragt sich jeder, wie die Beteiligten hiervon keine Kenntnis nehmen konnten (vorausgesetzt, dass die Makel auf Führungsebene nicht billigend in Kauf genommen wurden). Wie kann es also sein, dass

© Springer Fachmedien Wiesbaden GmbH, ein Teil von Springer Nature 2018
T. Siegel und M. Wunderlich, *Steuerkanzleien erfolgreich führen,*
https://doi.org/10.1007/978-3-658-20339-9_8

nicht ausgereifte Produkte, Leistungen oder Dokumente (Steuererklärungen, Jahresabschlüsse) an den Mandanten verschickt, an Finanzbehörden übermittelt oder auch nur kanzleiintern an die nächste Stelle weitergereicht werden? Während zwar jeder solche innerbetrieblichen Vorfälle kennt, gelangen diese nur selten an die Öffentlichkeit, schließlich lassen diese die betroffene Kanzlei in keinem guten Licht erscheinen.

Allerdings braucht niemand zu glauben, dass die eigene Kanzlei vor solchen Pannen gefeit sei. Passieren kann Ähnliches in fast jeder Steuerkanzlei. Meist fallen solche Fehlentwicklungen jedoch früh auf und entwickeln damit gar nicht erst eine besondere Dramatik. Interessanterweise sind die Ursachen für solche Fehlentwicklungen selten fachlich-technischer Natur, sondern liegen tiefer und sind vor allem in Prozessschwächen begründet. Um derartige Vorfälle zu vermeiden, ist der Fokus daher auf die Organisation zu richten.

Die Bewältigung der organisatorischen Komplexität stellt eine der wesentlichen, aktuellen Herausforderungen dar. Der Alltag in den meisten Steuerkanzleien wird heute durch eine hohe Komplexität der Leistungserbringung geprägt. Dies macht sich insbesondere bemerkbar durch:

- kurze Durchlaufzeit der Erklärungen und Abschlüsse
- viele organisatorische Schnittstellen, bedingt durch hohe Arbeitsteiligkeit sowie
- aufwendigen Abstimmungsbedarf aufgrund einer Vielzahl von einzuholenden Informationen.

Erschwert wird die Arbeit in einer Steuerkanzlei zusätzlich durch die personelle Interaktion zwischen Personen und Institutionen mit unterschiedlichsten Ansprüchen an die Steuerkanzlei. Überdies wird flexibles und situationsgerechtes Handeln nicht selten unter Zeit- und Handlungsdruck in der Entscheidungsfindung gefordert und nicht zuletzt ist jeder Steuerberater einer unübersichtlichen Regelungsdichte ausgesetzt.

Unter solchen Umständen optimale Arbeitsbedingungen zu schaffen, ist sowohl aus der Qualitätsperspektive als auch aus Effizienzgründen bedeutsam, da die unzureichende Gestaltung und Beherrschung betrieblicher Organisationsstrukturen einen der Hauptgründe für das Auftreten systematischer Fehler und eventueller Minderqualität darstellt. Dies gilt nicht nur für die Aufgabenerfüllung der Steuerkanzlei, sondern ist ebenso im Rahmen der Steuerung und Qualitätskontrolle sämtlicher „Partner" wie EDV-Dienstleister oder freier Mitarbeiter etc. wichtig.

Gründe dafür, weshalb eine klar und effizient strukturierte Leistungserbringung nicht gelingt, gibt es reichlich, einschließlich:

- isoliertes Abteilungs- oder Gruppendenken
- das Denken in Berufsgruppen
- mangelnde Standards bei Routinetätigkeiten sowie
- ein falsches Verständnis von „Steuerberateraufgaben".

Ganz gleich, um welche dieser Schwachstellen es sich handelt, sie können nur beseitigt oder zumindest gesteuert werden, wenn alle Abläufe und Verfahren nachvollziehbar festgelegt werden. Standards, Normen und Vorgaben sind einheitlich zu definieren und deren Einhaltung im betrieblichen Alltag sicherzustellen. Ein besonderes Augenmerk muss insbesondere auf die Beherrschung der unzähligen Schnittstellen gelegt werden. Nur so kann ein fließender, weitestgehend unterbrechungsfreier Prozessablauf geschaffen werden. Nicht zuletzt müssen Aufgaben und Verantwortlichkeiten eindeutig zugeordnet und den Mitarbeitern bekannt sein, schließlich soll das Personal auch danach handeln.

Dies kann letztlich nur dann gelingen, wenn Steuerkanzleien über ein angemessen leistungsfähiges Prozessmanagement verfügen und die zugehörige Vorgabedokumentation nutzen. Bei beiden handelt es sich um wichtige Elemente der Organisationssteuerung. Dennoch findet insbesondere die Vorgabedokumentation bei den meisten Steuerberatern nur wenig Wertschätzung und genießt das Image eines notwenigen Übels, bestehend aus viel Prosa bei niedriger, bestenfalls mäßiger Mitarbeiterakzeptanz. In der täglichen Praxis wird sie noch zu oft als Selbstzweck, meist zur Erlangung der angestrebten QM-Zertifizierungen und zu wenig als akzeptiertes Instrument der Lenkungs- und Koordinationsunterstützung genutzt (Hinsch 2013, S. 115–130).

Der Fokus ist dazu vor allem auf die Beherrschung der Prozesse und die Systematisierung von Informationsstrukturen zu legen. Gemeint ist hier nicht, alle Prozesse aufzumalen oder alles auf einer Festplatte zu speichern und abrufbar zu machen. Wichtig ist es vielmehr, Transparenz, also eine Standardisierung, Rückverfolgbarkeit und Nachvollziehbarkeit aller Schritte der realen Wertschöpfungskette zu schaffen – vom „ersten Federstrich" bis zum Versand an den Mandanten. Dies stellt nicht nur in Konzernen mit einer global vernetzten Zulieferkette und einem weltweiten Anwenderkreis eine Herausforderung dar, sondern auch bei kleinen und mittelgroßen Steuerkanzleien.

Gerade im Hinblick auf die Prozesse gibt es in den meisten Steuerkanzleien einiges zu tun. Ziel muss sein, dass bei allen Beteiligten immer und überall Klarheit über die Aufgaben sowie deren Zusammenhänge, Verantwortlichkeiten, Folgen und Termine besteht. Dazu gehört, dass die Schwerpunktlegung der nahen Zukunft stärker verankert sein muss, dass sich Organisationen von informellen Netzwerken, wie beispielsweise dem berühmten „Flurfunk", verabschieden und sich stärker zu strukturierten Wissensclustern entwickeln.

In der Fertigung von Produktionsbetrieben gelingt die Prozessorientierung auf technischer Arbeitsplatzebene vielfach schon recht gut, z. B. durch den Einsatz von Arbeitskarten, klaren Umsetzungsanweisungen und Hilfsmitteln wie Zeichnungen, Schaltplänen, Stücklisten, Testvorgaben, Abnahmeprotokollen oder Schablonen und Vergleichsfotos.

Solche klaren Vorgaben und Regeln existieren jedoch nur unzureichend auf der Arbeitsebene hoch qualifizierter Beratungstätigkeiten und noch seltener auf der Ebene ganzer Prozesse. Hier gibt es zwar fachlich ausgerichtete Behandlungspfade, aber nur selten strukturierte prozessual ausgerichtete Arbeitsabläufe, Arbeitsmethoden, Vorgaben sowie klare Verantwortlichkeiten und eindeutig definierte Schnittstellen. Der Grund liegt meist darin, dass nur wenige Kanzleien den Weg finden, einen angemessenen Standardisierungsgrad zu schaffen, ohne dabei die notwendigen Freiräume für eine Flexibilität zu gefährden.

Praxistipp aus der Steuerkanzlei Dr. Siegel
Bei uns sind nicht nur alle Aufgaben, Zuständigkeiten und Prozesse detailliert festgelegt und dokumentiert, sondern wir haben zudem für alle Eventualitäten einen genauen Vertretungsplan bestimmt. Auf diese Weise können wir – auch zu Zeiten allgemeinen Hochbetriebs – bei unvorhergesehenen Krankmeldungen oder anders bedingtem Personalausfall jederzeit die reibungslose Bearbeitung der Belange unserer Mandanten gewährleisten.

Neben der Regelung der Verantwortlichkeiten gibt es Mindeststandards für unsere gesamte Korrespondenz wie beispielsweise Briefe, Mails und Telefonate. Zwar kommunizieren wir nicht uniform, doch wir legen Wert auf ein einheitliches *Wording* und die Verwendung einer gleichartigen Gruß- und Abschiedsformel. Bei Besprechungen mit Mandanten folgen unsere Mitarbeiter konkreten Handlungsanweisungen und Check-Listen.

Insofern kann es nicht verwundern, dass selbst Standardprozesse unnötig hohe Durchlaufzeiten aufweisen und fehlerträchtig sind. Ein mittleres Desaster bricht vollends aus, sobald ein neuer Beratungsprozess eingeführt oder ein vorhandener Prozess tief greifend verändert wird.

Ein Grund dafür ist, dass in Organisationen eine umfassende Standardisierung mit eindeutig definierten „Spielregeln" fehlt. Um dem zu begegnen, müssen Prozesse geschaffen, dokumentiert und gelebt werden. Ausgangspunkt dafür bildet die Schaffung einer leicht verständlichen Vorgabedokumentation (z. B. Verfahrensanweisungen oder Prozessbeschreibungen oder *Standard Operating Procedures* [SOP]). Existieren keine klaren Vorgaben, werden die bestehenden Prozesse von den Beteiligten gerne „situationsgerecht" ausgelegt. Dies kann zwar Flexibilität schaffen; meist dient diese Freiheit jedoch einer individuellen Auslegung. Dabei gerät das Betriebsoptimum in den Hintergrund zugunsten eines *„management-by-easiest-way"*- oder eines *„management-by-best-friends"*- Prinzips. Die Abarbeitungspriorität wird dann zum Beispiel nicht über den nächsten Abgabetermin oder den höchsten Deckungsbeitrag, sondern über die Nähe zum jeweiligen Entscheidungsträger definiert.

Informelle Netzwerke sind gut und wichtig, jedoch zeigt das Beispiel auch, dass solche Strukturen jenseits bestehender Prozesse die Ablaufstabilität gefährden können. Daher gilt es implizite Regeln in vielen Teilen des Arbeitsprozesses stärker zu steuern, zu systematisieren und zu kanalisieren. Dies gelingt am besten, wenn der Standardisierungsgrad erhöht wird – auch und insbesondere bei vermeintlich nicht standardisierbaren Tätigkeiten.

8.2 Umsetzung einer Prozessorientierung: Prozessdefinition

Um die Effizienz der Prozesse zu steigern und dabei zugleich die Mitarbeiter entsprechend anzuleiten, muss eine leistungsfähige Methodik entwickelt werden. In einem ersten Schritt gilt dies für die Festlegung und Dokumentation der Prozesse und deren Schnittstellen. Klassische Handbücher und Verfahrensanweisungen sind dabei kaum in der Lage, Akzeptanz zu schaffen, noch die betriebliche Vielschichtigkeit transparent und somit nachvollziehbar abzubilden. Kurz: Sie sind nicht aussagekräftig genug oder nicht aktuell, oft zu kompliziert und zu verschachtelt in der Handhabung.

Folgen solcher „textlastiger" Verfahrensanweisungen sind häufig eine fehlende Transparenz und eine mangelnde Ausrichtung an den Bedürfnissen der modernen Organisationssteuerung. Die Chancen, dass ein solches Instrument von den Mitarbeitern angenommen wird und eine betriebliche Lenkungsfunktion wahrnehmen kann, sind daher gering.

Hier helfen grafische Prozessbeschreibungen. Diese in der Luftfahrt als *Standard Operating Procedures* (SOPs) bezeichneten Vorgaben sind standardisierte

Regeln und Verfahren zur Beherrschung komplizierter organisatorischer Systeme. Vereinfacht gesprochen legen SOPs fest, wer was, wann, wie und womit auszuführen hat. Der Vorteil solcher Prozessanweisungen besteht in aller Regel darin, dass selbst komplexe Organisationsstrukturen mittels Visualisierung (z. B. Flow-Charts, siehe Abb. 8.1) transparent dargestellt werden können. Auf diese Weise fordern und fördern SOPs die stärkere Auseinandersetzung mit den betrieblichen Verfahren, Schnittstellen und Zuständigkeiten.

Indem die Organisation transparent gemacht wird, erkennt der Mitarbeiter seine Position innerhalb der für ihn relevanten Prozesse wie auch innerhalb des gesamten Behandlungsablaufs. Durch ihren klaren Anweisungscharakter wirken SOPs regulierend und stabilisierend, sodass diese die Beherrschung und Steuerung der betrieblichen Abläufe unterstützen und Prozesssicherheit schaffen.

Wichtig ist, dass die Ausarbeitung der SOPs durch die betroffenen Mitarbeiter erfolgt, weil nur so eine individuelle auf die Bedürfnisse der Abteilung oder der Einrichtung ausgerichtete Lösung gefunden werden kann. Die Mitarbeiter tragen so selbst die Verantwortung, ihre Kernaktivitäten zu analysieren, Schwachstellen zu identifizieren, Verbesserungen anzustoßen sowie Rollen und Verantwortlichkeiten festzulegen. Die Beteiligten erarbeiten sich somit ihre zukünftigen SOPs

Abb. 8.1 Beispiel für ein Flow-Chart. (Quelle: © Vasily Merkushev/Fotolia)

weitestgehend selbst. Zugleich gelingt es durch eine aktive Einbeziehung der betroffenen Mitarbeiter am ehesten, allgemein akzeptierte Regeln einzuführen. SOPs sind dabei für eine Steuerkanzlei umso eher angeraten, je komplexer und anspruchsvoller die Beratungsleistungen oder je stärker ausgeprägt die Arbeitsteiligkeit der Wertschöpfung ist. Denn gerade dort kann eine transparente Lösung zur Prozesssteuerung durch ein visuell verankertes Organisations- und Ablaufkonzept sichergestellt werden, das die Prozesse *und* die Betriebsstruktur ganzheitlich abbildet.

Das Argument von Steuerberatern, dass SOPs für ihre Aufgaben nicht anwendbar seien, weil ihre Anwendung durch die Individualität der Angebotsanfragen verhindert wird, kann nicht überzeugen. Denn Gleiches trifft auch auf Piloten und deren Umgang mit Passagieren, dem Flugverhalten und der Flughafenorientierung zu. Hoch qualifizierte Mitarbeiter, wie Steuerberater und deren Angestellte es sind, sollten – wie übrigens auch Piloten – in jeder Situation frei in ihren Entscheidungen sein und dies auch bleiben. Dennoch können SOPs beiden Berufsgruppen als hilfreiches Instrument dienen, um Entscheidungs- und Arbeitsprozesse bei einem Auftreten von unvorhergesehenen Ereignissen zu erleichtern und zu ordnen.

Mit SOPs ist es auf einfachste Weise möglich, jedem Mitarbeiter seine Position innerhalb der für ihn relevanten Prozesse und Aufgaben deutlich zu machen, weil diese (in Anlehnung an Hinsch 2013, S. 118 f.) …:

- die natürlichen Prozessabläufe visualisieren und so eine höhere Verständlichkeit für den Mitarbeiter schaffen.
- ehemals isolierte Dokumentationen mit der Aneinanderreihung einzelner Prozessschritte durch eine einheitliche Prozessfluss-Orientierung ablösen.
- eine sinnvolle Reihenfolge für ein gemeinsames Handeln festlegen und einem jeden Team-Mitglied klar definierte Aufgaben (inkl. der Kommunikationsstrukturen) zuweisen. So werden Abweichungen vom Normverhalten und damit Qualitätslücken in der täglichen Praxis rasch identifizierbar.
- notwendige Absprachen im Vorfeld der Tätigkeit verringern und die rasche Teambildung auch von bisher einander unbekannten Interaktionspartnern ermöglichen.
- die Auseinandersetzung mit den eigenen Prozessen fördern und dadurch die Identifizierung von Schwachstellen oder ungewollten Redundanzen erleichtern.
- sich aufgrund ihrer Übersichtlichkeit und klarer Strukturierung ideal als Werkzeug zur Einarbeitung der Mitarbeiter und als Instrument der betrieblichen Ausbildung eignen.

Durch die Minimierung interner Reibungsverluste sowie durch eine optimierte Prozessbeherrschung (Schnittstellenverluste, Stille-Post-Effekte, Redundanzen, Arbeitsfehler) können SOPs einen wesentlichen Beitrag zur Kostenreduzierung leisten. Aus juristischer Perspektive können SOPs zudem erheblich zur Enthaftung der Führungskräfte für Fehlverhalten ihrer Mitarbeiter beitragen (Erfüllung der Organisations- und Aufsichtspflicht). Sie schaffen somit die erforderliche Rechtssicherheit.

SOPs sind idealerweise nicht voneinander losgelöst festzulegen, sondern in einem integrierten Prozessmanagementsystem zusammenzufügen. Mehr noch als die Summe einzelner SOPs fordert und fördert eine derart ganzheitliche Lösung die Auseinandersetzung mit den betrieblichen Abläufen, Verantwortlichkeiten und Schnittstellen. Diese Stärken kann das Prozessmanagement jedoch nur dann umfassend entfalten, wenn es durch die kanzleiinterne IT-Abteilung hinreichend unterstützt wird.

Die Werkzeuge der IT-Spezialisten machen es leichter, wichtige von unwichtigen Informationen zu trennen, zugehörige Dokumente zu verlinken sowie die Verknüpfungen zu vor- und nachgelagerten Stellen abzubilden. Nur ein einfaches, verständliches und mühelos bedienbares Prozessmanagementtool findet eine angemessene Akzeptanz bei den Mitarbeitern. Die reine Umformulierung bestehender Verfahrensanweisungen von der Prosa- in die Prozessform kann zwar ein erster Schritt sein; für die Etablierung eines akzeptierten Prozessmanagementsystems ist dies jedoch nicht ausreichend. Zwar lassen sich so die einzelnen Prozesse isoliert abbilden; erfahrungsgemäß können diese jedoch weder die Komplexität der Organisation noch die Wechselwirkungen zwischen den einzelnen Abteilungen hinreichend transparent darstellen.

Der IT-Markt bietet zahlreiche Applikationen, die spezifisch auf die Bedürfnisse von Prozessmanagementsystemen ausgerichtet sind. Mit ihnen ist es möglich, den gesamten Betriebsablauf einschließlich aller angrenzenden, über- und untergeordneten Prozesse entlang der Wertschöpfungskette weitestgehend unterbrechungsfrei abzubilden. Die Komplexität der Wirklichkeit wird auf visualisierte Prozessmodelle reduziert und so nachvollziehbar gemacht. Der Mitarbeiter kann auf eine aufwendige Suche und den Abgleich von Verfahrensanweisungen verzichten und sich stattdessen am PC „durch seine Prozesse klicken." Für den Nutzer bieten solche IT-Lösungen zudem den Vorteil einer erhöhten Aktualität sowie einer verbesserten Zugriffs- und Anwenderfreundlichkeit (Zeisig 2004, S. 127).

8.3 Umsetzung einer Prozessorientierung: Mitarbeiterqualifikation

Aber auch wenn Steuerkanzleien bereits Maßnahmen zur Verbesserung der Prozesssteuerung unternommen haben, z. B. mit solide ausgearbeiteten und dokumentierten Flow-Charts, eventuell manifestiert durch ein ISO-9001-Zertifikat, ist dies allein noch kein Erfolgsgarant für eine leistungsfähige Wertschöpfung. Letztlich muss ein Unternehmen auch ein umfassendes Wissen und praktische Erfahrungen in der Prozessbeherrschung des betrieblichen Alltags vorweisen können. Die Vorgabedokumentation muss also tief greifend in die tägliche Praxis übertragen werden.

Eine strikte Prozessorientierung der Wertschöpfung zu erarbeiten und anschließend zugehörige Vorgaben zu veröffentlichen, reicht dazu leider nicht aus, denn das Lesen von Verfahrensanweisungen und Prozessbeschreibungen bereitet nur wenig Freude – unabhängig davon, wie transparent diese sind. Dies gilt umso mehr, da diese hinterher von jedem Mitarbeiter angewendet werden müssen. Das ist in aller Regel gleichbedeutend mit Veränderungen im eigenen Arbeitsalltag.

Sicher erlangt man im Rahmen der Ausbildung und des betrieblichen Alltags auch rudimentäre Prozess- und Organisationskenntnisse über den eigenen Tätigkeitsbereich hinaus. Dennoch fällt es manchen Mitarbeitern aufgrund der komplexen Beratungsprozesse in einer Kanzlei schwer, den eigenen Tätigkeitsbereich exakt zu umgrenzen und zu benennen. Darüber hinaus ist nicht jeder Mitarbeiter von vornherein geschult, in Prozessen zu denken. So hinterlässt die wachsende Komplexität und Unübersichtlichkeit der realen Prozesswelt ihre Spuren. Doch gerade diese Kenntnisse sind von essenzieller Bedeutung, damit die Mitarbeiter ihre Aufgaben verstehen und umsetzen können. Werden das Wissen und die Bedürfnisse nicht wechselseitig ausgetauscht, sind Prozessineffizienzen mit unklaren Verantwortlichkeiten die Folge. Dies führt dazu, dass Verantwortlichkeiten bereits im unmittelbaren Arbeitsumfeld hin- und hergeschoben werden. Noch viel größer ist das Problem bei der Zusammenarbeit zwischen Abteilungen und Betrieben.

Ziel der Qualifizierungsmaßnahmen (siehe Abb. 8.2) sollte es daher sein, für alle Beteiligten das Wie und Warum in der Prozesslinie zu vermitteln. Jeder Mitarbeiter sollte seine Position innerhalb der Prozesse kennen. Dazu gehören auch das Wissen und das Verständnis für Aktivitäten, die nicht das direkte, eigene Aufgabenfeld betreffen. Gewiss nicht in der gleichen Tiefe und demselben Detaillierungsgrad muss aber jeder Mitarbeiter die wesentlichen betrieblichen

Abb. 8.2 Mitarbeiterschulungsmaßnahme. (Quelle: © kasto/Fotolia)

Zusammenhänge sowie die eigenen Schnittstellen zu vor- und nachgelagerten Akteuren kennen. Nur so können sowohl Steuerkanzleien wie auch deren Mitarbeiter die Komplexität ihrer Organisation verstehen und beherrschen.

Leider gehört die Prozessebene üblicherweise nicht zum Bestandteil der betrieblichen Aus- und Weiterbildung. Wer den Mitarbeitern eine Vorgabedokumentation als „Brocken" hinwirft und darauf hofft, dass sich diese damit auseinandersetzen, wird im Normalfall enttäuscht (Hinsch 2013, S. 27). Es sind daher systematische Qualifikations- und Trainingsaktivitäten notwendig, um die Mitarbeiter an ihre Aufgaben und Tätigkeiten in einer Weise heranzuführen, dass sie diese nachhaltig wiederholt beobachtbar durchführen. Die Inhalte sind dazu initial sowie periodisch wiederkehrend zu vermitteln. Erfahrungsgemäß nehmen sich bzw. haben Mitarbeiter erst in einer Schulung die Zeit, sich intensiv mit den eigenen Aufgaben und Prozessen auseinanderzusetzen. Zugleich unterstreicht die Unternehmensleitung mit Trainings, wie wichtig ihr die Einhaltung der Regeln und Standards ist, und unterstützt so die Entstehung einer betrieblichen Prozessorientierung bis auf die Mitarbeiterebene.

Dies mag aufwendig sein, aber die prozessorientierte Personalqualifizierung trägt aus ökonomischer Perspektive zu einer Minimierung der Arbeitsfehler, und damit der Fehlerkosten, aufgrund unsachgemäßer Arbeitsdurchführung bei. Obwohl in Zeiten von *Cost Cutting* Kürzungen im Bereich Training, Ausbildung und Marketing zunächst schnelle Erfolge zeigen, machen sich Investitionen in Form von Trainings zur Verbesserung von Qualität und Prozessen langfristig immer bezahlt. In der Luftfahrt gilt hierzu der Leitsatz: *„If you think Quality Training is expensive ... try an accident!"*

Davon unbenommen besteht jedoch bei der Implementierung von SOPs bei hoch qualifizierten Angestellten, gerade in der Steuerberatung, stets das Risiko, dass die stringente und verbindliche Anwendung von SOPs mit der Berufsauffassung mancher Beteiligter kollidiert. Der kritische Erfolgsfaktor liegt somit in der Disziplin und im Willen der Mitarbeiter, sich an Vorgaben und Standards für die Arbeitsausführung zu halten. Dies stellt im Wesentlichen eine Kulturfrage dar, die gute Führungsarbeit und Zeit erfordert. Dabei kommt es darauf an, den Nutzen von SOPs für jeden Einzelnen klar zu kommunizieren und zudem deutlich zu machen, dass es sich bei der Prozessqualität um ein von der Kanzleileitung getragenes Betriebsziel handelt, welches ohne feste Regeln nicht erreichbar ist. Die Überzeugungsarbeit der mittleren Leitungskräfte ist dabei von entscheidender Bedeutung, denn von diesen werden die Ziele der Geschäftsführung transportiert.

8.4 Vorläufiges Fazit: Was bedeutet dies nun?

Steuerkanzleien sehen sich mehr und mehr mit der Herausforderung konfrontiert, die Komplexität ihrer vielschichtigen Leistungen zu beherrschen. Hierbei ist es wichtig, den Mitarbeitern ein Verständnis für die Arbeits- und Wertschöpfungsprozesse außerhalb ihres Aufgabenfelds zu vermitteln.

Dem kann nur mit einer klaren Aufbau- und vor allem einer transparenten Ablauforganisation begegnet werden. Ziel muss es sein, die Standardisierung weiter voranzutreiben und eine konsequent systematische Prozessorientierung in der Leistungserbringung zu schaffen. Dabei können prozessorientierte QM-Systeme für eine Prozessausrichtung eine solide Unterstützung bieten, indem sie helfen, den Weg dorthin zu systematisieren.

Die Steigerung von Sicherheit, Qualitätsverbesserung und Aufgabenerfüllung ist dabei kein Zauberwerk, sondern das wiederholbare Ergebnis systematisch geplanter und durchgeführter sowie strukturiert überwachter Prozesse. Die Implementierung und die langfristige Sicherstellung stabiler Prozesse ist zwar nicht frei von Kosten, von denen Training den größten Faktor darstellt, dennoch überwiegen letztendlich auch aus ökonomischer Perspektive die Vorteile eines strukturierten Prozessmanagements, denn ein solches System stärkt die Prozessstabilität und -transparenz. Dies führt in aller Regel zu einer reduzierten Fehlerrate, weniger Redundanzen und schlankeren Prozessen.

Innerbetrieblich gehört die Schaffung einer angemessenen Mitarbeiterakzeptanz zu einer weiteren Aufgabe der Kanzleiführung. Prozessoptimierungen sind für die Mitarbeiter mit Arbeit verbunden, zudem ist Disziplin notwendig, um sich an die Vorgaben und Standards zu halten. Die Implementierung stellt daher regelmäßig einen längeren Lernprozess dar, der nur durch entsprechende Motivation und Überzeugungsarbeit nachhaltig gelingen kann.

Literatur

Hinsch, M. (2013). Die Leistungsfähigkeit prozessbasierter QM-Systeme in komplexen Organisationen am Beispiel der Lufthansa Technik AG. In: M. Hinsch & J. Olthoff (Hrsg.), *Impulsgeber Luftfahrt – Industrial Leadership durch luftfahrtspezifische Aufbau- und Ablaufkonzepte*. Berlin: Springer.

Zeisig, M. (2004). *Entwicklung eines Dokumentationskonzeptes zur Förderung des ganzheitlichen Qualitätsmanagements*. Aachen: Shaker Verlag.

Qualifikation und Training

9

9.1 Ganzheitliches Training und Standardisierung: Die drei Kernkompetenzen

Um dem Personal einer Steuerkanzlei die richtige Qualifikation gezielt zu vermitteln, die den Bedürfnissen der Mandanten nachhaltig gerecht wird, sind *systematische* Qualifikations- und Trainingsaktivitäten notwendig. Diese müssen neben den fachlichen auch den nicht-fachlichen Anforderungen der jeweiligen Stelle gerecht werden. Dies ist eine wesentliche Voraussetzung für eine wirksame Personalqualifizierung.

In der Pilotenausbildung kommen ausgefeilte Qualifikations- und Trainingssysteme zum Einsatz, die diese Anforderungen erfüllen. Zusätzlich wird bei Piloten nicht nur das Fliegen nach einheitlichen Standards trainiert, sondern es werden auch so genannte „Non Technical Skills" geschult. Dahinter steht der Gedanke, dass es nicht ausreicht, nur unter flugtechnischen Aspekten ein begnadeter Pilot zu sein, wenn man nicht in der Lage ist, effizient und sicher im Team zu arbeiten, sich mitzuteilen oder mit Stress umzugehen.

Eine ähnliche Maxime sollte auch in der Steuerberatung systematisch verbreitet werden, denn für substanzielle Erfolge reichen der Berufs-Titel und selbstbewusstes Auftreten gegenüber Kollegen, Mitarbeitern und Mandanten allein nicht aus. Hilfreich ist dies natürlich schon; in der modernen Steuerberatung stehen aber vielmehr – wie bereits erwähnt – die drei folgenden Kompetenzen im Fokus:

1. fachlich-technisches Wissen
2. Prozess-Know-how
3. interpersonelle Kompetenz

© Springer Fachmedien Wiesbaden GmbH, ein Teil von Springer Nature 2018
T. Siegel und M. Wunderlich, *Steuerkanzleien erfolgreich führen*,
https://doi.org/10.1007/978-3-658-20339-9_9

Der primäre Blickwinkel der Personalqualifizierung richtet sich in fast allen Einrichtungen ausschließlich auf die **fachliche Kompetenz.** Da sich dieser Fokus auch schon bei der Personalauswahl beobachten lässt, ist das notwendige Fachwissen bereits beim Berufsantritt meistens vergleichsweise gut ausgeprägt. Dies gilt zwar nicht immer bis ins Detail und nicht auf die spezifischen Anforderungen der jeweiligen Kanzlei bezogen, jedoch lassen sich eventuelle Wissensdefizite in aller Regel mit wenigen Schulungen und Trainingsmaßnahmen beseitigen. Üblicherweise ist also der Trainingsaufwand im Bereich der fachlichen Kompetenz vergleichsweise gering, um das Personal so weit zu qualifizieren, dass es die Aufgaben auf hohem fachlichen Niveau ausführen kann.

Wie bereits im vorherigen Kapitel erörtert, zählt zu einer ganzheitlichen Qualifikation neben dem Fachwissen die strukturierte Vermittlung von **Prozess-Know-how.** Dieser Qualifizierungsbaustein wird in vielen Steuerkanzleien leider häufig vernachlässigt, obgleich er notwendig ist, um ein Verständnis für die betrieblichen Abläufe und Schnittstellen sowie die eigene Rolle und die Verantwortlichkeiten zu erlangen. Das Problem bei der Vermittlung von Prozess-Know-how ist, dass viele Steuerkanzleien zwar (oft unbewusst) prozessorientiert aufgestellt sind, dabei aber ihren Organisationsaufbau und -ablauf nicht systematisch und unter Einbindung der Beteiligten dokumentiert haben. Dies gilt im Besonderen für Schnittstellen. Das führt dazu, dass Mitarbeiter, die neu in die Organisation kommen, etwa drei Monate bis ein Jahr benötigen, um ihre betrieblichen Rollen und Zuständigkeiten zu finden. Dies erfolgt dann im Zuge eines *Learning-by-Doing,* dessen Lernergebnisse nicht unbedingt mit den Wunschvorstellungen der Kanzleileitung übereinstimmen. Der Mitarbeiter führt seine Arbeit in einer Weise aus, wie es ihm von einem „alten Hasen" beigebracht wurde, sehr wahrscheinlich mit allen Abkürzungen, kleinen Tricks und Fehlern. Auf diese Weise entstehen „Stille-Post-Effekte". Insoweit ist es notwendig, dass Steuerkanzleien ihre Prozesse durch die Verantwortlichen und Beteiligten dokumentieren lassen, sodass diese Ergebnisse später regelmäßig geschult werden. Je komplexer die Organisationsstruktur, desto dringender ist hier der Handlungsbedarf.

Die dritte Säule der Personalqualifikation bildet die sogenannte **interpersonelle Kompetenz.** Sie umschreibt die Fähigkeit, mit anderen Menschen zusammenzuarbeiten, sowie die Eignung, eigene Schwächen zu beherrschen. Insoweit fallen unter die interpersonelle Kompetenz die Kommunikations-, Durchsetzungs- und Entscheidungsfähigkeit, die Kompetenz im Bereich Führung, Teamwork und Stressbewältigung ebenso wie die Selbstorganisation und das Situationsbewusstsein. Die Verbesserung der interpersonellen Mitarbeiter- und Führungskompetenz steht zwar weit oben auf der Wunschliste vieler Steuerkanzleien, aber ein systematisches Vorgehen, um dieses Ziel zu erreichen, existiert nur selten.

Abb. 9.1 Die
Kernelemente betrieblicher
Personalqualifikation

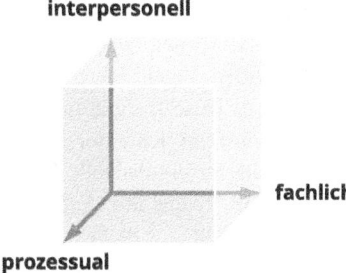

Ein ähnliches Bild zeigt sich beim Training interpersoneller Fähigkeiten, die häufig der individuellen, zu akzeptierenden Persönlichkeit zugeschrieben werden. Auch wenn alle Persönlichkeiten in ihrer Verschiedenheit immer wertschätzend behandelt werden sollten, müssen dennoch schädigende Verhaltensweisen unterbunden werden. Insoweit darf die interpersonelle Kompetenz im Zuge ganzheitlicher Qualifikationsbestrebungen nicht ausgeklammert werden (siehe Abb. 9.1).

Praxistipp aus der Steuerkanzlei Dr. Siegel
Für unsere Kanzlei haben wir festgelegt, dass von allen Fortbildungen, an denen unsere in Vollzeit tätigen Mitarbeiter jährlich teilnehmen, jeweils drei Tage der Weiterbildung von fachlichen, zwei Tage der prozessualen und ein Arbeitstag der interpersonellen Kompetenzen dienen. Diese Fortbildungen beinhalten nicht immer die Teilnahme an Veranstaltungen bei externen Anbietern, sondern es können auch Online- oder Videoangebote genutzt werden.

Nach der Teilnahme stellt der Mitarbeiter das Gelernte mit einem kurzen Vortrag während eines Teammeetings vor, bevor das Ergebnis in den beruflichen Alltag eingebunden wird.

9.2   Integriertes Training

Prozess-Know-how, Fachwissen und interpersonelle Kompetenz sind drei verschiedene Qualifikationsfelder und damit auch grundsätzlich drei Trainingsbereiche. Wesentlich ist nun, diese einzelnen Qualifikationen nicht isoliert zu trainieren und davon auszugehen, dass die Mitarbeiter von alleine in der Lage sind, diese Bausteine im Arbeitsalltag zusammenzufügen, wovon in der Regel nicht ausgegangen werden kann.

In einem zweiten, entscheidenden Schritt geht es dann darum, die zunächst singulär erworbenen Qualifikationen in einem Simulationsprozess, der die Wirklichkeit widerspiegelt, integriert zu trainieren. Die Erfahrungen der Luftfahrt zeigen, dass es diese Integration von fachlichem und interpersonellem Training bei zugleich prozessorientierter Ausrichtung ist, die den wesentlichen Garanten für den Trainingserfolg darstellt. Durch ein solches integriertes Training wird sichergestellt, dass Teams ihre Aufgaben nach höchsten, weil ganzheitlichen, Maßstäben beherrschen.

Integriertes Training findet seine Vollendung, wenn es nicht nur in eigenen Trainingsveranstaltungen stattfindet, sondern in den betrieblichen Alltag integriert wird. Die Mitarbeiter führen ihre Aufgaben in den täglichen Arbeitsprozessen unter begleitender Betreuung aus. Feedback findet in gemeinsamen *Debriefings* oder Einzel-Gesprächen statt. Durch solche Coachings erhalten die Beteiligten die praxisorientierteste Form der Rückmeldung. Sie erfahren, wie sie im betrieblichen Alltag ihre Aufgaben bewältigt und auf andere gewirkt haben, aber auch, ob ihnen die Zusammenführung der Trainingsinhalte gelungen ist.

Training gestaltet sich so zu einem permanenten Erlebnisfaktor im Berufsleben, der es attraktiv macht, und wird zu einem ständigen Lernen. Mit einer solchen Lernmethode wird es am ehesten gelingen, dem Lernenden das notwendige Handwerkszeug zu vermitteln, um neue, komplexe Aufgaben zu bewältigen. In der Wissenschaft wird für dieses Vorgehen bisweilen der Begriff des *Action Learnings* verwendet, was bedeutet, dass in die Arbeitsprozesse ein permanentes Training eingebaut wird. In der Luftfahrt hat sich mit diesem Vorgehen eine von Unternehmensleitung und Mitarbeitern akzeptierte und didaktisch erfolgreiche Trainingssystematik entwickelt.

9.3   Standardisierung der Mitarbeiterqualifikation

In Steuerkanzleien treffen in der Regel Mitarbeiter mit sehr unterschiedlichen Kenntnissen und Kompetenzen aufeinander. Neben den Berufsträgern finden sich Auszubildende, Steuerfachangestellte, Steuerfachwirte, Hochschulabsolventen, Bilanzbuchhalter, Sekretärinnen – jeweils mit unterschiedlicher Berufserfahrung. Wenn diese Menschen sich nun in einem gemeinsamen Umfeld zusammenfinden und miteinander arbeiten, muss die Kanzlei dafür sorgen, dass sich das fachliche, aber auch das prozessuale und interpersonelle Kompetenzniveau auf einem etwa gleichen Level befindet.

Piloten werden beispielsweise so trainiert, dass sie ihre Arbeit, wo immer möglich, identisch ausführen. Dem steht nicht entgegen, dass Piloten im alltäglichen

Flugbetrieb dennoch Herr ihrer Entscheidungen sein sollen. Jedoch basieren ihre Entscheidungsmuster auf der gleichen, in den Unternehmen und der Branche jahrzehntelang erprobten, Grundlage. So sollte das Vorgehen auch in der Steuerkanzlei gestaltet sein. Alle Mitarbeiter müssen ein gleiches Verständnis davon haben, wie in der Kanzlei Buchhaltungen, Steuererklärungen und Jahresabschlüsse erstellt werden, aber auch was das Verhältnis zu Mandanten, zu Lieferanten und untereinander ausmacht. Insoweit müssen Teams und ihre Mitglieder dahin gehend standardisiert werden. Folgende Fragestellungen sollten in diesem Zuge thematisiert werden:

- Wie geht man in der Organisation miteinander um? Wie wird geführt?
- Welche Regeln gibt es im Hinblick auf die Mandantenkommunikation?
- Wie soll der Mandant den Steuerberater und seine Mitarbeiter in seiner Funktion als Repräsentant der Einrichtung wahrnehmen?
- Wie wird in unseren Teams gearbeitet? Wie wird Feedback gegeben?
- Wie wird mit Fehlern umgegangen, welche Rolle spielt das Qualitätsmanagement?
- Wie sind die Prozesse ausgestaltet? Wo sind sie standardisiert, wo nicht?
- Wo spielt die Informationstechnologie welche Rolle?

Diese Fragen werden in Steuerkanzleien leider nur selten gestellt. Vielmehr herrscht oft der Glaube vor, es reiche aus, neue Mitarbeiter den betrieblichen Alltag ein Jahr beobachten zu lassen, um die wesentlichen Handlungsweisen sowie geschriebene und ungeschriebene Regeln zu verinnerlichen. Das ist zu optimistisch, weil hier von einer einheitlichen Auffassungsgabe und Wahrnehmungsfähigkeit der Betroffenen ausgegangen wird. Menschen sind aber sehr verschieden!

Sinnvoll ist daher ein zwei- bis vierwöchiger Kurs (je nach Größe und Komplexität der Kanzlei), der auch in mehrere Einheiten aufgeteilt sein kann. In diesem werden dann nicht nur fachliche und prozessuale Betriebsspezifika sowie interpersonelle Aspekte vermittelt, sondern zugleich die zukünftige Basis dafür gelegt, was die eigene Einrichtung ausmacht. Neben der Fehlervermeidung kann ein solches Vorgehen sicherstellen, dass Mitarbeiter darauf sensibilisiert werden, die Aktivitäten von Teammitgliedern gedanklich vorwegzunehmen, um so bei Fehlern eines Kollegen diesen frühzeitig unterstützen zu können.

Trainings beim Pilotenverleih

Wenn Piloten zwischen europäischen Fluggesellschaften ausgeliehen werden, schreibt der Gesetzgeber für die Betroffenen sogenannte *Company Difference*-Kurse vor. Verleiht also Airline X einen A320-Kapitän an Fluggesellschaft Y, hat dieser zuvor einen mehrtägigen Kurs zu absolvieren (siehe Abb. 9.2).

Abb. 9.2 Piloten im Cockpit. (Quelle: © petrovalexey/Fotolia)

Da mag der Laie fragen, wozu das nötig sei, denn die Piloten fliegen bei ihrer Airline X einen A320 und sollen den gleichen Flugzeugtyp auch bei Y steuern. Aber dass es schon gut gehen wird, dort ins Cockpit zu steigen, Triebwerke anzuschalten, Schub zu geben und zu landen wie bei der Fluggesellschaft X – darauf mögen sich weder der Gesetzgeber noch die Airlines verlassen. Dies hat zwei Gründe: Einerseits kann sich die Flugzeugkonfiguration bei den Fluggesellschaften unterscheiden, andererseits variieren die *Flight-Procedures* und die Cockpit-Kommunikation.

Insoweit werden in solchen *Company Difference*-Kursen Abweichungen in der Technik sowie Unterschiede in den *Cockpit Procedures* geschult. Bei Letzteren kann es sich um administrative Prozesse, Kommunikationsregeln, Anflug- oder Abflugverfahren und sonstige Dienstvorschriften handeln.

Ein ähnliches Vorgehen wäre auch in anderen Branchen vorteilhaft. Der Aufbau von neuer Kompetenz bedarf auf fachlicher, interpersoneller und prozessualer Ebene eines geplanten und gezielt gesteuerten Vorgehens.

9.4   Einrichtung von Qualifikations- und Trainingsstrukturen

An erster Stelle steht für den Aufbau eines Qualifikations- und Trainingssystems ein Bekenntnis der Kanzleileitung zu höchster Personalqualifikation, für deren Umsetzung die notwendigen Ressourcen bereitgestellt werden. Danach zeichnet sich gutes Training durch ein durchdachtes Konzept aus, das sinnvoll in einzelne Bausteine und Lerninhalte heruntergebrochen ist und dabei die wirklichen Trainingsanforderungen und -ziele abdeckt. Es muss also ein *strukturiertes* Trainings- und Qualifikationssystem existieren, das vorgibt, wie Qualifikation in den verschiedenen Arbeitsbereichen und Positionen auszusehen hat. Das Ziel ist die Definition eindeutiger Qualifikationsmaßstäbe und die Schaffung eines einheitlichen, vergleichbaren und nachweisbaren Qualifikationsniveaus. Dieses System muss geeignet sein, dem einzelnen Mitarbeiter fachliche ebenso wie nicht fachbezogene Qualifikationsanforderungen zu vermitteln, damit dieser die ihm zugewiesenen Aufgaben optimal ausführen kann. Dies gilt für die Mitarbeiter der Arbeitsebene und insbesondere auch für Führungskräfte, insbesondere Berufsträger.

Die Vorteile eines solchen Vorgehens liegen auf der Hand: Systematische Personalqualifizierung lohnt sich aus ökonomischer Perspektive, weil sie zu einer Minimierung der Arbeitsfehler beiträgt. Dadurch steigt nicht nur die Prozesssicherheit – die Fehlerkosten sinken auch! Aus juristischer Perspektive kann eine systematische Personalqualifikation (wie auch die in Kap. 8 beschriebenen Maßnahmen) wesentlich zur Enthaftung der Führungskräfte für Fehlverhalten ihrer Mitarbeiter (Erfüllung der Organisations- und Aufsichtspflicht) beitragen und so Rechtssicherheit schaffen.

9.5   Aller Anfang ist schwer – die Entwicklung eines Qualifikations- und Trainingsprogramms

Nach der Bejahung des Qualifizierungsbedarfs widmet man sich im nächsten Schritt den Fragen zur Umsetzung: Wie wird das Ziel einer optimalen Qualifikation erreicht? Was bedeutet optimale Qualifikation? Welche Elemente müssen mit welcher Methodik geschult werden und wie werden die Trainingsinhalte bestimmt?

Ausgangspunkt und Basis einer systematischen Personalqualifikation bildet dann ein Qualifikations- und Trainingsprogramm, das sich aus folgenden Kernelementen zusammensetzt:

- einem Trainingskonzept,
- Trainingsbausteinen und
- Trainingsinhalten.

Das **Trainingskonzept** bildet das Gerüst des gesamten Qualifikations- und Trainingssystems. In diesem sind in erster Linie die Zielgruppen und deren Trainingsziele definiert. Da in diesem Schritt nun die Bestimmung der Zielgruppen im Vordergrund steht, muss im Unternehmen aufgeschrieben werden, welche Mitarbeiter zu qualifizieren sind – Führungskräfte, Fachmitarbeiter und das Sekretariat. Diese Unterteilung ist dann weiter herunterzubrechen, weil Trainings sehr zielgruppengerecht durchgeführt werden sollten. Neben Zielen und Zielgruppen beinhaltet das Qualifikationskonzept eine Beschreibung des grundlegenden Aufbaus sowie der Struktur der Trainingsorganisation, die Bestimmung der wesentlichen Akteure und Verantwortlichen sowie eine grobe inhaltliche Festlegung. Das Konzept soll ein gemeinsames Bekenntnis zu den Kernelementen des Qualifikations- und Trainingsprogramms sicherstellen. Das Trainingskonzept kann meist auch ohne externe Hilfe erstellt werden.

Aufbauend auf den Vorgaben des Qualifikationskonzepts sind in einem zweiten Schritt die für eine Qualifizierung notwendigen **Trainingsbausteine** festzulegen. Dazu muss bestimmt werden, welche Qualifikationen die zur Zielgruppe gehörenden Mitarbeiter (bzw. Stellen) benötigen. Kurz: Welche Anforderungen stellt der Prozess an die involvierten Mitarbeiter? Sind diese identifiziert, müssen sie mit der gegenwärtigen Mitarbeiterqualifikation abgeglichen werden. Dabei zeigt sich üblicherweise, dass die Mitarbeiter nur in Teilen angemessen befähigt sind, ihre Prozesse abzuarbeiten.

Noch viel öfter wird an dieser Stelle zudem deutlich, dass eine eindeutige Aussage zu Prozessanforderungen oder Qualifikationsbedarf äußerst schwerfällt. Denn einerseits sind die Prozesse vielfach nicht hinreichend definiert und andererseits sind die Stellenanforderungen nur ungenau festgelegt. Dieser Mangel stellt eine Kausalbeziehung dar, denn unzureichende Prozessbeschreibungen führen in aller Regel dazu, dass auch die Qualifikationen der Mitarbeiter nicht präzise genug beschrieben werden können. Der Prozess ist also die Basis für die Definition einer Qualifikation. Insoweit muss sichergestellt sein, dass die Prozesse präzise genug beschrieben sind, damit die darunterliegenden Aufgaben und

Verantwortungen klar erkennbar werden. Aus diesen lassen sich schließlich die spezifischen Qualifikationsanforderungen ablesen.

Aus dem Abgleich zwischen Mitarbeiterqualifikation und Prozessanforderungen ergibt sich der Trainingsbedarf. Auf dieser Basis erfolgt die Erstellung von Training-Manuals für die jeweiligen Berufsgruppen oder Stellen. Hierbei handelt es sich zugleich um eine Art Ausbildungsplan. Dafür sind folgende Maßnahmen zu bestimmen:

- die (theoretische) Grundausbildung beziehungsweise Weiterbildung (fachspezifische Trainings oder Schulungen zu betrieblichen Vorgaben und Regeln)
- ein *On-the-Job*-Training (praktische Erfahrung)
- Integriertes Training
- ergänzende Qualifikationsmaßnahmen (z. B. Herstellerschulungen oder *Human Factors*)
- Wiederholungs-/*Continuation*-Trainings.

Für die Erstellung zielgruppenorientierter Training-Manuals wird zunächst der Basistrainingsbedarf festgelegt, welcher auf alle Mitarbeiter oder zumindest auf einen größeren Kreis abzielt. Es folgen dann team- oder stellenspezifische Verästelungen, wie Prozess- oder Produkttrainings, z. B. für Mitarbeiter, die Lohnabrechnungen erstellen oder Erbschaftsteuererklärungen anfertigen.

Am Ende der Konzeptphase steht ein vorgezeichneter Ausbildungsplan für Theorie und Praxis, der jedem Trainee vorab deutlich macht, wann welche Trainingsaktivitäten zu durchlaufen und welche Voraussetzungen für einen erfolgreichen Abschluss der einzelnen Qualifikationsmaßnahmen zu erfüllen sind. Zudem ist hier definiert, in welchem Umfang nach Abschluss der Qualifikation periodisch nachzuschulen ist oder Trainingsinhalte aufgefrischt werden müssen (siehe Abb. 9.3).

Der dritte und letzte Schritt im Aufbau eines Qualifikations- und Trainingssystems ist die präzise Festlegung von **Trainingsinhalten** einschließlich zugehöriger Dokumentation. In diesem Zuge sind auch die Lernmethoden festzulegen: Vorträge, Gruppen- oder Videoübungen, e-Learning und Simulationen. Den größten Aufwand erfordert in diesem Schritt die Erstellung des Lehrmaterials. Dabei kann es sich um Papier oder Dateien handeln oder auch um die deutlich aufwendiger zu produzierenden webbasierten Trainingsmethoden oder Videomaterialien. Nicht zuletzt sind in diesem Schritt Erfolgskontrollen festzulegen, die notwendig sind, um die Wirksamkeit der Trainingsmaßnahmen sowie etwaige Entwicklungsfelder der Mitarbeiter identifizieren zu können.

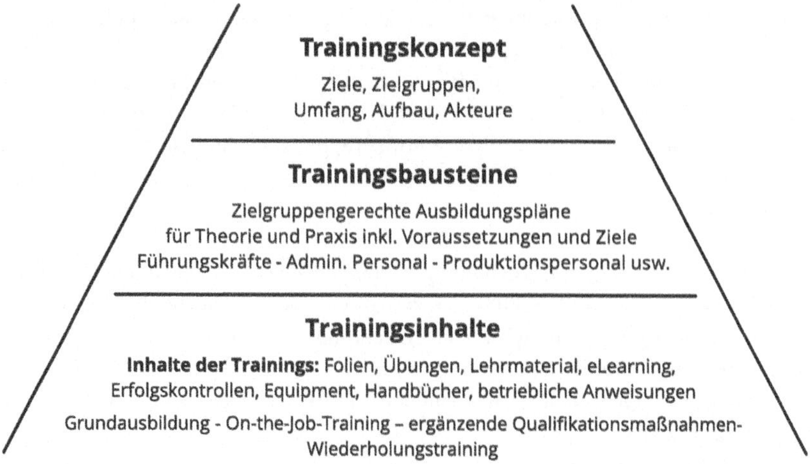

Trainingskonzept

Ziele, Zielgruppen,
Umfang, Aufbau, Akteure

Trainingsbausteine

Zielgruppengerechte Ausbildungspläne
für Theorie und Praxis inkl. Voraussetzungen und Ziele
Führungskräfte - Admin. Personal - Produktionspersonal usw.

Trainingsinhalte

Inhalte der Trainings: Folien, Übungen, Lehrmaterial, eLearning,
Erfolgskontrollen, Equipment, Handbücher, betriebliche Anweisungen
Grundausbildung - On-the-Job-Training – ergänzende Qualifikationsmaßnahmen-
Wiederholungstraining

Abb. 9.3 Aufbau eines strukturierten Qualifikations- und Trainingssystems. (Hinsch und Olthoff 2013, S. 8)

Die Frage der *Make-or-buy*-Entscheidung hängt wesentlich von den Trainingsinhalten ab. Dort, wo ein Fremdbezug möglich und sinnvoll sein kann, muss jede Kanzlei für sich das richtige Vorgehen finden. Wie so oft, gibt es auch hier kein richtig oder falsch. Werden die Trainingsleistungen aber eingekauft, ist stets zu beachten, dass hinreichend auf organisationsspezifische Belange Rücksicht genommen wird. Häufig weisen externe Spezialisten, insbesondere solche, die primär auf einzelne Trainingsgebiete spezialisiert sind, nicht nur wenig Kompetenz im Bereich der Organisationskultur auf, sondern haben auch Defizite im Bereich der Prozessorientierung und des Produkt-*Know-hows*. Die Frage, wer geeignete Trainingsanbieter sind, lässt sich insofern schwer beantworten. Es ist ratsam, Kanzleien zu befragen, die systematische Qualifikations- und Trainingssysteme bereits erfolgreich aufgebaut haben. Dabei kann es sich um eine ganz andere Branche handeln, in der jedoch eine fast vergleichbar komplexe Aufgabenstellung vorzufinden ist, wie die Luftfahrt.

Spätestens im Zuge der Erstellung von Trainingsinhalten muss sich der Blickwinkel auch auf die Auswahl und Ausbildung der Trainer richten. In einem durchdachten Qualifikations- und Trainingsprogramm kommt diesen nämlich erhebliche Bedeutung zu. Die Trainer fungieren nicht nur als Wissens-, sondern auch als Akzeptanzmultiplikator und tragen somit maßgeblich zum Erfolg der Trainingsziele bei. Überdies entscheiden die Kompetenz, innere Einstellung und

Ansehen der Trainer maßgeblich darüber, ob und in welchem Umfang es gelingt, eine Standardisierung in der Steuerkanzlei zu erreichen. Vor diesem Hintergrund muss das Ausbildungspersonal mit besonderem Augenmerk ausgewählt und auf seine Aufgabe vorbereitet werden. Insoweit ist es zudem förderlich, wenn es sich bei den Trainern nicht nur um fachlich versierte, sondern auch um betrieblich anerkannte Persönlichkeiten handelt.

Life-long-Learning ist ein Grundpfeiler unternehmerischen Erfolgs. Dies gilt unabhängig davon, auf welche Branche sich der Blick richtet, ob Luftfahrt, Industrie oder Steuerberatung. Die Marktentwicklungen mit ihren spezifischen Anforderungen an Produkte, Kundenbedürfnisse oder Lieferantenverhalten sind so rasant, dass es sich kein Unternehmen leisten kann, im Status quo zu verharren. Dies gilt übrigens nicht allein für Produkte, sondern trifft genauso auf die Prozesse und die Unternehmenssteuerung zu. Fehlende Anpassungsbereitschaft bestraft der Markt umgehend. Diese Schnelllebigkeit mag man verfluchen; ändern lässt sie sich nicht.

Für die Mitarbeiterqualifikation ergeben sich hieraus zwei Implikationen:

1. Jeder Mitarbeiter sollte die Bereitschaft haben, sich ständig weiterzubilden. Lebenslanges Lernen ist ein Teil seines Aufgabenspektrums.
2. Steuerkanzleien sollten Qualifikationsmaßnahmen anbieten und für die Weiterentwicklung ihrer Mitarbeiter ein systematisches Vorgehen vorhalten.

Arbeitgeber und Arbeitnehmer müssen also gemeinsam an einem Strang ziehen, damit die Mitarbeiter die gewünschten Qualifikationen erhalten. Hierbei darf es nicht allein um die Vermittlung von Fachwissen gehen, die Schulung von nicht-fachlichen Kenntnissen ist ebenso bedeutsam. Ziel des *Life-long-Learnings* ist eine Befähigung zu einer sicheren und zeitgemäßen Job-Ausübung. Dies ist eine wesentliche Voraussetzung für eine wirksame Personalqualifizierung.

9.6 Vorläufiges Fazit

Training ist eine fortwährende, nicht endende Aufgabe; ein immer wiederkehrender Moment in der Qualifikation. Es gibt insoweit kein fixes Trainingskonzept, welches für die nächsten 20 Jahre angemessen wäre. Trainings entfalten nur dann ihr inhaltliches Optimum, wenn sie den rasanten Marktentwicklungen ständig angepasst werden.

Didaktisch ist der Idealzustand der Personalqualifizierung erreicht, wenn das tägliche Tun gleichzeitig auch ein tägliches Lernen beinhaltet. Es bedarf einiger

Übung, aber dies lässt sich sehr wohl etablieren. Die wichtigsten Instrumente des alltäglichen Lernens bilden dabei das *Briefing* und das *Debriefing,* also die strukturierte Aufgabenvor- und -nachbereitung.

Die Erfolge systematischer Qualifikations- und Trainingsmaßnahmen stehen und fallen jedoch mit der Bereitschaft der Betriebsleitung zur aktiven Unterstützung. Das Management muss deutlich und klar den hohen Stellenwert von Training und Qualifikation kommunizieren. Den Mitarbeitern sollte dabei auch deutlich gemacht werden, dass Training kein Selbstzweck ist, sondern dass dies aus Sicht der Geschäftsführung zu mehr Effizienz und Qualität beitragen soll. In diesem Zuge kann die Geschäftsleitung auch kommunizieren, dass sie Qualifikation und Weiterbildung nicht nur in der Verantwortung des Unternehmens sieht, sondern auch von den Mitarbeitern die Bereitschaft zum lebenslangen Lernen erwartet.

Zur Unterstützung der Kanzleileitung zählen aber vor allem auch die Fähigkeit und der Wille, die notwendigen finanziellen Mittel zur Verfügung zu stellen. Allzu oft ist Training jedoch mit dem Stigma verbunden, dass es viel Geld kostet, ohne einen erkennbar quantifizierbaren Nutzen zu stiften. Da zählt es meist wenig, dass sich Investitionen in systematische Qualifikationsmaßnahmen mittel- bis langfristig immer bezahlt machen. Für substanzielle und nachhaltige Trainingserfolge muss allerdings eher in Jahren als in Quartalen gerechnet werden. Hier ist die Geduld der Kanzleileitung erforderlich, denn die Beteiligten müssen nicht nur dauerhaft ihr Verhalten, sondern ihre gesamte Denkweise umstellen.

Letztlich gilt: Nur wenn die Verantwortlichen einer Kanzlei eine solche Qualifikationskultur fördern und einfordern, werden diese Trainings nachhaltig flächendeckenden Erfolg zeigen.

Literatur

Hinsch, M., & Olthoff, J. (2013). Elemente des Hochleistungsmanagements. Hamburg.

Personalauswahl und Potenzialanalyse 10

In der Luftfahrt wird seit mehr als fünfzig Jahren mit außerordentlichem Erfolg eine berufsgruppenspezifische Personalauswahl praktiziert. Vom Eintritt in das Unternehmen, also dem Beginn der Pilotenausbildung, bis hin zur Beförderung zum Kapitän nach 10 bis 15 Jahren sind beispielsweise bei der Lufthansa noch 97 % der Kandidaten an Bord. Das ist kein Zufall, denn große Fluggesellschaften greifen bei der Auswahl ihrer zukünftigen Piloten auf Verfahren zurück, die den besonderen Anforderungen dieser Berufsgruppe Rechnung tragen. Durch systematische Sicherstellung einer hohen Passgenauigkeit zwischen zukünftigem Personal einerseits sowie Stellenanforderungen und Unternehmenskultur andererseits gelingt es den Airlines schon seit Jahrzehnten, Probleme und Risiken zu minimieren.

> **Praxistipp aus der Steuerkanzlei Dr. Siegel**
> Viele Kanzleien werden hauptsächlich durch ihre Berufsträger nach außen sichtbar, sodass das Unternehmen nur über die Firmenspitze von den Mandanten oder den Behörden wahrgenommen wird. Auch in meiner Kanzlei sind neben mir drei weitere Steuerberater tätig. Da wir den Teamgedanken jedoch sehr ernst nehmen, achten wir darauf, dass jeder Mitarbeiter „seinen" Anteil des Außenkontakts selbst übernimmt und er auf diese Weise nicht nur seine Leistung darstellen kann, sondern auch das positive Feedback und die entsprechende Anerkennung erhält. Meiner Ansicht nach haben unsere Mitarbeiter so mehr Spaß; aber für diese Arbeitsweise braucht man natürlich die „richtigen" Mitarbeiter. Wenig teamorientierte „Alphatiere" oder Menschen mit geringen interpersonellen Kompetenzen befinden sich daher nicht in unserem Team.

© Springer Fachmedien Wiesbaden GmbH, ein Teil von Springer Nature 2018
T. Siegel und M. Wunderlich, *Steuerkanzleien erfolgreich führen*,
https://doi.org/10.1007/978-3-658-20339-9_10

Menschen besitzen verschiedene Begabungen, die bei ihnen unterschiedlich ausgeprägt sind. Solche Veranlagungen führen dazu, dass Menschen für bestimmte Tätigkeiten eine Affinität entwickeln. Sie machen manche Dinge lieber als andere. Jeder weiß aus seiner eigenen Erfahrung, dass man sich lieber um Dinge und Themen kümmert, zu denen man eine hohe Affinität hat – hier entwickelt man sich am ehesten zum Profi. Unternehmen müssen daher herausfinden, wo die individuellen Begabungen ihrer Bewerber liegen, um einen geeigneten Kandidaten auszuwählen und entsprechend seinen Stärken einzusetzen. Personalauswahlverfahren und Potenzialanalysen dienen dazu, diese persönlich starken Veranlagungen, aber auch etwaige Schwächen zu identifizieren.

Jedoch findet Personalauswahl in vielen Steuerkanzleien primär über Lebensläufe, Zeugnisse, Urkunden und das persönliche Gespräch statt. Die Einschätzung geschieht auf Basis zurückliegender Leistungen. Im Vordergrund stehen überdies fachliche Stellenanforderungen. Prozessuale und interpersonelle Kompetenzen der Bewerber werden nur selten systematisch ermittelt. Daher erfolgt deren Bewertung allzu oft aus dem Bauch heraus. So verwundert es nicht, dass gemäß einer Studie von *Intersearch Executive Consultants* nicht fehlendes fachliches Wissen, sondern unzureichende Führungsqualitäten, mangelnde soziale Kompetenz und ungenügende Anpassungsfähigkeit die häufigsten Gründe für ungeplante Neubesetzungen sind (Intersearch Executive Consultants 2013).

Aus diesem Grund bauen insbesondere größere Unternehmen bei der Einstellung neuer Mitarbeiter auf *Assessment*-Center, mit deren Hilfe sie systematisch auch auf nicht-fachliche Veranlagungen und Fähigkeiten ihrer Bewerber achten. So setzen 90 % der DAX-Unternehmen Verfahren ein, bei denen mittels Tests, Rollenübungen, Interviews, Fallstudien sowie Gruppenübungen die kognitiven Fähigkeiten der Persönlichkeit untersucht werden. Im Vordergrund stehen dabei laut einer Untersuchung vor allem die Feststellung der Kommunikations-, Durchsetzungs- und Analysefähigkeit. Bei Auswahlverfahren für Führungspositionen muss auch das Thema Leadership berücksichtigt werden (Obermann 2013). Wenngleich die großen Konzerne mit starker Mehrheit systematische Auswahl- und Potenzialanalysen durchführen, tun dies insgesamt nicht einmal die Hälfte aller Unternehmen in Deutschland. Einer Studie zufolge verlassen sich 43 % aller Unternehmen ausschließlich auf Interviews bzw. persönliche Gespräche.

Beispiel

Der Erfolg spezifischer Personalauswahlverfahren bei der Lufthansa*
Die Lufthansa (siehe Abb. 10.1) hat vor mehr als 50 Jahren damit begonnen, ihre Piloten nach einem präzisen Anforderungskatalog auszuwählen, und konnte damit sehr gute Erfahrungen machen. Hierzu greift die Lufthansa

Abb. 10.1 Check-in-Schalter der Lufthansa am Flughafen. (Quelle: © Daniel Berkmann/Fotolia)

auf ein Personalauswahlverfahren zurück, welches in Kooperation mit dem Deutschen Zentrum für Luft- und Raumfahrt (DLR) durchgeführt wird. Die Prognosezuverlässigkeit lag bei diesen berufsgruppenspezifischen Eignungsverfahren in den letzten 20 Jahren bei rund 97 %. Das bedeutet, dass vom Eintritt in das Unternehmen, also dem Beginn der Pilotenausbildung, bis hin zur Beförderung zum Kapitän nach zehn bis 15 Jahren nur etwa 3 % der Kandidaten bei der Lufthansa ausscheiden.

Diese 3 % erweisen sich als nicht „passend", obgleich sie den Eingangstest bestanden haben und daraufhin ausgewählt wurden. Die Gründe für das spätere Ausscheiden liegen meist an Defiziten im Bereich der interpersonellen Kompetenzen. Es sind also Menschen, die zum Beispiel nicht entscheidungsfreudig sind oder trotz erheblichen Trainings nicht gut kommunizieren können. Darunter sind beispielsweise auch von außerordentlicher Kreativität geprägte Menschen – eine Eigenschaft, die für den Pilotenberuf gar nicht erwünscht ist. Bei der Lufthansa geht man davon aus, dass durch die qualifizierte Pilotenauswahl die Anzahl von Problemfällen um ca. 80 % reduziert wurde.

* Zu einer detaillierten Darstellung des Auswahlverfahrens von Cockpit-Personal bei der Lufthansa, vgl. Ouibaid (2013, S. 191–216).

10.1   Bestimmung von Qualifikationsanforderungen

Zu Beginn eines Auswahlverfahrens ist es notwendig, möglichst präzise zu beschreiben, welche Eigenschaften eine Person mitbringen muss, um die zu besetzende Funktion auszuüben. Es ist also eine Anforderungsanalyse durchzuführen. Hierzu muss der Vorgesetzte ggf. zusammen mit seiner Personalabteilung definieren, welche fachliche Qualifikation von dem zukünftigen Stelleninhaber erwartet wird. Darüber hinaus ist festzulegen, mit welchen weiteren Eigenschaften und Kompetenzen der ideale Kandidat ausgestattet sein muss, damit dieser die Anforderungen erfüllt, um die Tätigkeit dauerhaft auszuüben. Es geht also nicht nur um eine Beschreibung von handwerklichen und geistigen Anforderungen, die für den konkreten Arbeitsplatz notwendig sind. Der Blick richtet sich auch auf die erforderliche prozessuale Kompetenz sowie Veranlagungen bzw. Fähigkeiten auf der interpersonellen Ebene. Nicht zuletzt müssen die Auswahlbeteiligten bestimmen, welche weiteren nicht stellen-, aber unternehmensspezifischen Anforderungen eine Rolle bei der Personalselektion spielen. Typische Beispiele bilden die Arbeitsatmosphäre sowie die Organisations- und Führungskultur, Organisationsstruktur und Größe.

Die richtigen Mitarbeiter zu finden, wird wesentlich durch die Sorgfalt und Präzision bei der Anforderungsanalyse bestimmt. Aus Kap. 8 ist bekannt, dass sich aus den Prozessen die wichtigsten Anforderungen an die Personalqualifikation für jede einzelne Stelle ableiten lassen. Sind diese nicht hinreichend dokumentiert, ist es ratsam, vor der Personalauswahl ein Trainingskonzept aufzustellen, da das Anforderungsspektrum an eine Stelle am ehesten deutlich wird, wenn bekannt ist, wie der Stelleninhaber qualifiziert werden soll.

Oftmals gibt es jedoch, ob nun mit oder ohne systematische Personalauswahlverfahren, keine ausreichend präzise Beschreibung der Eigenschaften und Kompetenzen, die von einem Stelleninhaber erwartet werden. Je ungenauer die Bestimmung der Anforderungen, desto größer die Wahrscheinlichkeit, dass nicht geeignete Kandidaten ausgewählt werden. Bei unpräzisen Stellenanforderungen stellt es nur eine Frage der Zeit dar, bis ein Unternehmen Opfer der Gauß'schen Normalverteilung oder eines schlimmeren Zufalls wird. Insoweit erfolgt mit Festlegung der Stellenanforderung zugleich die Definition des betrieblichen Qualitätsniveaus.

10.2 Testaufbau und Testmodellierung

Nach Festlegung präziser Qualifikationsanforderungen lässt sich mit geeigneten Testverfahren herausfinden, ob die Kandidaten bereits über die geforderte Qualifikation verfügen oder ob sie zumindest die Veranlagung dazu besitzen und diese mittels Trainings erlangen können. Durch das Auswahlverfahren sind also auch verborgene Kompetenzen zu identifizieren. Dabei sollte es keineswegs ausreichend sein, jene Menschen zu finden, die die definierten Anforderungen gerade eben erfüllen, sondern die Kandidaten zu ermitteln, um im Umfeld der betroffenen Stelle aufzublühen.

Was den Testaufbau anbelangt, so muss dieser derart ausgestaltet sein, dass bei den Kandidaten überprüft werden kann, inwieweit diese die definierten Anforderungen erfüllen. Vergleichbare, wenn auch komplexere Methoden werden in Auswahlverfahren angewendet, um z. B. folgende verborgene oder bereits beherrschte Kompetenzen eines angehenden Mitarbeiters einer Steuerkanzlei zu ermitteln:

- Koordination/Steuerung
- Kommunikation
- Team- oder Führungsfähigkeit
- Zuverlässigkeit/Regelverhalten
- Belastbarkeit und emotionale Stabilität
- Entscheidungsfähigkeit.

Praxistipp aus der Steuerkanzlei Dr. Siegel
Bei Einstellungsgesprächen verwenden wir standardisierte Fragenkataloge, um sicherzustellen, dass die Gespräche nicht „stimmungsbedingt", sondern stets vergleichbar, sachlich und möglichst unbeeinflusst ablaufen. Diese Fragenkataloge legen für jede Stelle konkret umrissene Mindestanforderungen fest. Wenn wir die *Soft Skills* eines Bewerbers erfragen, ist es für uns eine wesentliche Einstellungsbedingung, dass der Kandidat sich ehrenamtlich engagiert. Dies kann für den Trachten- und Sportverein oder *Amnesty International* ganz verschieden sein, für uns ist entscheidend, dass der Kandidat für eine Sache Enthusiasmus und Beharrlichkeit bewiesen hat.

Die typischen Methoden zur Identifizierung der entsprechenden Veranlagungen und Kompetenzen bilden, neben dem klassischen *Assessment* Center mit einzel- und gruppenorientierter Aufgabenbearbeitung, Arbeitsproben sowie teilstrukturierte, situative Interviews. Die Ergebnisqualität wird dabei durch die drei Kriterien Objektivität, Zuverlässigkeit und Validität bestimmt (Amelang und Zielinski 2002). Unter Objektivität wird dabei die Fähigkeit beschrieben, gleiche Testergebnisse unabhängig vom Beobachter und den Umgebungsbedingungen zu generieren. Die Testzuverlässigkeit beschreibt die Genauigkeit der Testergebnisse. Die Testmethode ist also so auszugestalten, dass diese stets zu den gleichen Ergebnissen führt. Dies bedingt in der Regel einen bestimmten Testumfang, also eine Mindestlänge sowie eine Homogenität im Ablauf. Nicht zuletzt muss die Testmethodik valide sein. Das Auswahlverfahren sollte sich also dazu eignen, die gesuchten Veranlagungen und Kompetenzen zu identifizieren.

10.3 Unterstützung durch Experten

Es hat sich sehr bewährt, zur Auswahl von Personal externe Spezialisten zu beschäftigen. Manche Unternehmen oder Konzerne verfügen nämlich nicht über das notwendige Know-how, um hoch spezialisierte Auswahlverfahren durchzuführen. Untersuchungen bestätigen dies und zeigen sogar, dass der Trend zu einem verstärkten *Outsourcing* seit Jahren andauert (Obermann 2013).

Bei solchen Fremdvergaben ist es wichtig, dass nicht nur der Bewertungsvorgang ausgelagert wird. Auch die finale Entscheidung über die Kandidaten sollte maßgeblich durch den Externen, jedoch unter Beteiligung eines qualifizierten eigenen Mitarbeiters (z. B. aus der Personalabteilung) oder des Inhabers betrieben werden. Auf diese Weise kann die Entscheidung am ehesten unabhängig von unternehmenspolitischen Strömungen, sondern allein auf Basis von Kompetenz und Veranlagungen getroffen werden. Treffen betriebliche Führungskräfte ihre Entscheidung am Ende gegen die Empfehlung des externen Spezialisten, so sollte dies nur in objektiv eindeutig begründeten und rückverfolgbaren Fällen zulässig sein. Denn letztlich kann ein solches Vorgehen dazu führen, dass die teuer eingekaufte systematische Personalauswahl zunichtegemacht wird, wenn schlussendlich doch wieder aus dem Bauch heraus entschieden wird.

10.4 Was bringt Personalauswahl konkret?

In erster Linie profitiert das Unternehmen von einer systematischen Personalauswahl, weil diese die Wahrscheinlichkeit signifikant erhöht, die richtigen Kandidaten auszuwählen. Da nach einer Einstellung Kosten für die Ausbildung und Einarbeitung sowie vor allem auch für das zukünftige Gehalt anfallen, wären die Folge-Kosten einer falschen Entscheidung ungleich höher als die Kosten der Personalauswahl. In verschiedenen Studien wurde das Kosten-Nutzen-Verhältnis psychologischer Eignungsverfahren untersucht. In einer Querschnittsanalyse über mehrere US-Industrien wurde eine Kostenersparnis von bis zu 27.000 US$ pro Jahr und Mitarbeiter ermittelt. In einer anderen Studie, die sich auf die Einstellung von Führungskräften fokussiert, wurde ein Wert von etwa 100.000 EUR pro Jahr und Mitarbeiter ermittelt (Boudreau 1991; Amelang und Zielinski 2002).

Einen eindrucksvollen Vergleich schildert Oubaid (2013, S. 191–216). Er berichtet von einer europäischen Airline, die fertig ausgebildete Piloten sowohl mit als auch ohne systematische Auswahlverfahren eingestellt hat. Von den Piloten, die ohne strukturierte Eignungsdiagnostik ausgewählt wurden, entließ die Fluggesellschaft etwa ein Drittel während der ersten zwölf Monate. Ein weiteres Drittel benötigte erhebliche Zusatztrainings. Dagegen zeigte sich die Vergleichsgruppe mit systematischer Personalauswahl weitestgehend unauffällig. Der Prozentsatz problembehafteter Piloten befand sich hier nur im einstelligen Prozentbereich.

Vor dem Hintergrund dieser Untersuchungen und Erfahrungen überrascht es, dass hoch professionelle Auswahlsysteme für ausgewählte Berufe nicht viel stärker verbreitet sind. Vermutlich dominiert hier jene Argumentation, wie sie uns bereits aus dem Bereich Qualifikation und Training bekannt ist. Die Fehlerreduzierung lässt sich nicht eindeutig quantifizieren und noch weniger die Effizienzgewinne, die durch eine richtige Auswahl entstehen. Diese Erfolge können eben nicht in Euro und Cent berechnet werden. Hinzu kommt ein weiterer Aspekt: Im Rückblick lässt sich nie einwandfrei entkräften, dass das Unternehmen nicht auch ohne professionelle Unterstützung letztlich den vom Spezialisten empfohlenen Bewerber ausgewählt hätte. Vor diesem Hintergrund fällt es auf den ersten Blick natürlich schwer, die Entscheidungsträger von der Notwendigkeit systematischer Personalauswahlverfahren zu überzeugen und davon, Investitionen in die Auswahl ihrer Mitarbeiter und Führungskräfte zu tätigen.

Übrigens profitiert nicht nur das Unternehmen von einer systematischen Personalauswahl. Auch derjenige, der sich einer Auswahlprüfung stellt, kann sich bei einem Bestehen des Tests sicher sein, dass er ein geeigneter Mitarbeiter für den entsprechenden Job ist. Die angestrebte Tätigkeit entspricht den eigenen Veranlagungen und Stärken. Auch nach einem längeren Zeitraum ist nicht damit zu rechnen, dass dieser Job für den Bewerber Anforderungen oder Ecken und Kanten umfasst, die dessen Wesensmerkmalen überhaupt nicht entsprechen und zu einer Aufgabe der Tätigkeit führen könnten.

10.5   Vorläufiges Fazit

Die Mitwirkung des „richtigen" Personals ist eine essenzielle Grundbedingung für den anhaltenden Erfolg Ihrer Steuerkanzlei, daher kommt der Personalauswahl eine zentrale Bedeutung in der Zukunftsausrichtung Ihres Unternehmens zu. Die Festlegung von Stellenprofilen und Ausformulierung von konkreten Qualifikationsanforderungen, systematische Testverfahren und die Unterstützung von externen Experten erleichtern den Prozess, den geeigneten und besten Kandidaten für Ihre Firma zu finden und auszuwählen.

Literatur

Amelang, M., & Zielinski, W. (2002). *Psychologische Diagnostik und Intervention* (3. Aufl.). Heidelberg: Springer.
Boudreau, J. W. (1991). Utility analysis in human resource management decisions. In: M. D. Dunnette & L. M. Hough (Hrsg.), *Handbook of industrial and organizational psychology* (2. Aufl.) (CAHRS Working Paper Series Bd. 2).
Intersearch Executive Consultants. (2013). *HR-Herausforderungen im Mittelstand – Ergebnis einer Unternehmensbefragung.* Hamburg. www.intersearch-executive.de.
Obermann, C. (2013). *Assessment Center: Entwicklung, Durchführung, Trends.* Wiesbaden: Springer.
Ouibaid, V. (2013). Maßgeschneiderte Verfahren psychologischer Eignungsdiagnostik am Beispiel der Pilotenauswahl. In M. Hinsch & J. Olthoff (Hrsg.), *Impulsgeber Luftfahrt – Industrial Leadership durch luftfahrtbetriebliche Aufbau- und Ablaufkonzepte.* Berlin: Springer.

Über Fehler und Verbesserungspotenziale sprechen können

Jeder kennt die Gespräche mit Kollegen, bei denen sich der Blick weg vom Tagesgeschäft hin zum allgemeinen betrieblichen Miteinander wendet. Im Zuge solcher Diskussionen wird oft festgestellt, dass an der grundsätzlichen Herangehensweise oder dem Prozessablauf irgendetwas nicht stimmt. So gelagert war der Fall bei einer mittelgroßen Steuerkanzlei. Angeregt durch eine *Human Factors-* Vortragsreihe entwickelte sich im Nachgang ein breiter Diskurs über die innerbetriebliche Kommunikation. Dabei stellten die Beteiligten fest, dass diese – insbesondere zwischen Fachmitarbeiter und Sekretariat – praktisch nicht vorhanden ist und dass dies bisher niemandem wirklich aufgefallen war. Kennen Sie das?

Das Problem liegt meist darin, dass Fehler nicht behoben werden, weil sich keiner an das Thema herantraut. Denn auch wenn Ineffizienzen einem Einzelnen auffallen, hat dies nicht unbedingt deren Behebung zur Folge. Denn Schweigen fördert oft eher die Karriere als Handeln. Durch das Infragestellen eingefahrener Organisationsstrukturen kann eine engagierte Führungskraft i. d. R. viel verlieren, aber wenig gewinnen.

Daher bedarf es einer übergeordneten Bereitschaft im Unternehmen, auch über solche Sachverhalte zu reden, die nicht optimal laufen, um sie für die Zukunft zu verhindern. Es bedarf also einer offenen Fehlerkultur. Den Ausgangspunkt hierfür bildet der ernsthafte Wille, diese Fehler zu vermeiden. Eine saubere Planung und klare Prozessstrukturen können die Wahrscheinlichkeit für Fehler zwar reduzieren, aber niemals auf null senken. Denn neben menschlichen Aussetzern werden trotz betrieblicher Regeln und Normen immer auch Schlupflöcher für systemische Schwächen erhalten bleiben. So stehen Unzulänglichkeiten und Fehler immer wieder auf der Tagesordnung. Oft sind es stets die gleichen Fehler, die geschehen, und dennoch passiert wenig. Warum? Weil eine systematische Fehlerreflexion in vielen Steuerkanzleien vernachlässigt wird. Im Vordergrund steht die nachträgliche Fehlerbeseitigung und weniger die zukünftige Vermeidung gleicher oder ähnlich

© Springer Fachmedien Wiesbaden GmbH, ein Teil von Springer Nature 2018
T. Siegel und M. Wunderlich, *Steuerkanzleien erfolgreich führen*,
https://doi.org/10.1007/978-3-658-20339-9_11

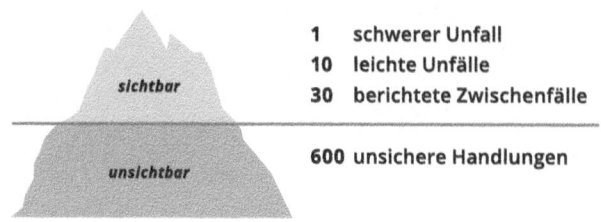

sichtbar	**1** schwerer Unfall
	10 leichte Unfälle
	30 berichtete Zwischenfälle
unsichtbar	**600** unsichere Handlungen

Abb. 11.1 Das Eisberg-Modell

gelagerter Vorkommnisse. Um dies zu ändern, bedarf es der Etablierung einer Organisationskultur, die ein Bewusstsein für Risiken und Fehler fordert und fördert und die dafür Sorge trägt, dass die Mitarbeiter in die Lage versetzt werden, Fehler anzusprechen und mit ihnen angemessen umzugehen.

Wie wichtig die Auseinandersetzung auch mit weniger offenkundigen und schweren Fehlern und Systemschwächen ist, wird durch das sogenannte Eisberg-Modell veranschaulicht (vgl. Abb. 11.1). Wie bei einem Eisberg liegt auch in einer Organisation nur ein kleiner Teil der Gefahren über der sichtbaren Oberfläche. Der größte, nicht sichtbare Teil des Eisbergs symbolisiert die Vielzahl der geringeren organisatorischen und menschlichen Schwachstellen, die im Steuerberateralltag vorkommen. Die meisten dieser Fehler stellen für sich alleine keine Gefahr für Mandanten dar, können aber erheblichen Mehraufwand von Kosten und Zeit nach sich ziehen. Zudem wird es durch die Verkettung unglücklicher Umstände gelegentlich auch durch kleinere Fehler und Schwächen zu schweren Fehlern mit erheblichem Schaden für das Wohl der Mandanten kommen. Insoweit muss es das Ziel sein, die Fehler und Schwachstellen unter der Wasseroberfläche zu reduzieren, um die schwerwiegenden Ereignisse über dem Wasserspiegel zu minimieren.

11.1 Bereitschaft zur Fehlerreflexion sowie Fehlerbewusstsein

Fehler? Passieren bei uns nicht! Größere schon gar nicht!
Fehler passieren. Immer. Überall. Dafür sorgen systemische Schwachstellen in den Prozessen und die menschlichen Faktoren des *Dirty Dozen*. Daher muss die Geschäftsleitung zunächst anerkennen, dass Unzulänglichkeiten und Fehler zum betrieblichen Alltag gehören. Außerdem sollte die Bereitschaft bestehen, ernsthaft Fehler zu reflektieren und diese so zum Erkenntnisgewinn zu nutzen. Nur so kann

das Ziel erreicht werden, die Ursachen für Fehler und Schwachstellen zu ergründen, um deren erneutes Auftreten zukünftig zu verhindern.

Ein einmaliges Statement wie „Das machen wir jetzt mal" wird keinen Kulturwandel herbeiführen, denn damit überzeugt man keinen Mitarbeiter. Es wird nur gelingen, eine gesamtbetriebliche Fehlerkultur zu etablieren, wenn das gesamte Personal ein entsprechendes Bewusstsein entwickelt und eine Bereitschaft zur Fehlerreflexion im Denken und Handeln verankert. Insoweit gelingt es am ehesten, eine Fehlerkultur zu etablieren, wenn über Vorkommnisse und Fehler gesprochen und deren Entstehung thematisiert wird. Die Bereitschaft und das Bewusstsein für eine aktive Auseinandersetzung mit den Fehlern sind der wesentliche Motor für die Veränderung und die ständige Anpassung.

Insoweit müssen Mitarbeiter eine Vorstellung davon bekommen, wie Fehler in der Arbeitsausführung, in der Dokumentation, in den Abläufen und Kommunikationsstrukturen sowie bei Betriebsmitteln oder durch die Arbeitsumgebung entstehen. Da rund drei Viertel der Fehler durch menschliche Faktoren entstehen, gerät hier vor allem das Wissen um die Grenzen der eigenen Leistungsfähigkeit, also die *Human Factors,* in den Fokus. In diesem Zuge müssen die Mitarbeiter auch dafür sensibilisiert werden, dass Kollegen unterschiedliche Wahrnehmungen und Auffassungsgaben haben. Dies klingt zunächst selbstverständlich; allzu oft sind jedoch unterschiedliche kognitive Fähigkeiten oder die Bereitschaft, diese zu akzeptieren, die Ursache für Missverständnisse und Fehleinschätzungen.

11.2 Folgenlosigkeit für den Fehlerverursacher?

Bei alledem ist es wichtig, dass die Fehlerkultur durch eine Non-Punitivität gekennzeichnet ist. Das bedeutet, dass jeder einzelne Mitarbeiter anonym oder persönlich die Möglichkeit hat, sich zu eigenen Fehlern zu bekennen in dem Wissen, folgen- bzw. „straffrei" auszugehen. Dies mag für den Vorgesetzten bisweilen hart an der Grenze des Erträglichen sein, auch wenn allzu grobe Fahrlässigkeit oder Vorsatz von der Straffreiheit ausgeschlossen werden können. Aber die Non-Punitivität ist ein wichtiger Baustein der Fehlerkultur, denn sonst wäre die Bereitschaft der Mitarbeiter, offen mit Fehlern umzugehen, nicht gegeben. Im Gegenteil, Fehler würden vertuscht. Die für das Unternehmen eigentlich interessanten Fehler würden dann „unter der Decke" bleiben und die wertvollen Informationen zu Vorkommnissen oder Verbesserungspotenzialen werden so nicht thematisiert. Das gilt übrigens für alle Branchen.

Vor einigen Jahren traf ich einen Trainingskapitän bei einer Konferenz in Dubai, als dieser mich zur Seite zog: „Du, ich muss mal mit dir reden. Stell dir vor, da hat mir ein Kapitän ein paar Fälle gebeichtet, bei denen auf A340ern aus ganz interessanten Gründen falsche Take-off Weights eingegeben wurden!" Auf die Frage, wie er reagiert habe, sagte er: „Ja, den Kapitän habe ich zum Co-Piloten degradiert und den Co-Piloten habe ich rausgeschmissen." (Cpt. Jens Olthoff).

Es ist also ein enormer Gewinn für eine Steuerkanzlei, wenn Mitarbeiter Vorkommnisse melden und sich mit ihren Vorgesetzten darüber abstimmen können, wie zu vermeiden ist, dass anderen Mitarbeitern die gleichen Fehler erneut passieren. Die Luftfahrt hat für diese non-punitive Fehlerkultur aufgrund der schweren, möglichen Tragweite von menschlichen Fehlverhalten jedoch Jahre gebraucht, denn dafür muss zunächst ein allgemeines Vertrauen in die Straffreiheit entstehen. Fehler straffrei zu melden, ist nämlich ein Vertrauensbeweis, den der Einzelne dem Unternehmen gewährt.

Praxistipp aus der Steuerkanzlei Dr. Siegel
Vor einigen Jahren haben wir ein sehr effizientes Fehlermanagement in der Kanzlei eingeführt. Wenn Fehler geschehen, gehen wir diesen stets auf den Grund. Gerade weil Schwächen häufig auf einer Verkettung von unglücklichen Umständen beruhen, benötigt es manchmal ein wenig Nachforschungsaufwand, um die genauen Ursachen zu ermitteln. Anschließend werden die Fehler in der Mitarbeiter-Besprechung sachlich behandelt, diskutiert und protokolliert. Hierbei steht für uns jedoch niemals die „Schuldfrage" (Wer ist an der Sache schuld?) sondern die zukünftige Optimierung der Prozesse im Vordergrund. Was ist falsch gelaufen? Warum ist es falsch gelaufen und wie kann man solche Vorkommnisse in der Zukunft verhindern?

Da wir den Verantwortlichkeitsgedanken in der Kanzlei konsequent umsetzen, ist es die Aufgabe des verantwortlichen Mitarbeiters, die Folgen des Fehlers wieder auszubügeln. Dies ist jedoch nicht als „Strafe" zu betrachten, sondern vielmehr der Ausdruck unseres ungebrochenen Vertrauens in den jeweiligen Mitarbeiter.

11.3   Fehlerreflexion – aber wie?

Den Ausgangspunkt aller Aktivitäten zur Fehlervermeidung bildet ein Bekenntnis der Kanzleileitung und der Führungskräfte, sich zukünftig ernsthaft mit Fehlern auseinandersetzen zu wollen. Dazu müssen sich die Entscheidungsträger im Klaren sein, dass dies auch für sie selbst mit Aufwand verbunden ist und die Bereitschaft zu Kritik und Selbstkritik erfordert. Dies ist eine Herausforderung für die innere Einstellung. Dennoch kann ein neues *Mindset* der betrieblichen Leitung für einen Kulturwandel nur der Anfang sein, schließlich ist dieser auch auf die ausführenden Mitarbeiter zu übertragen. Dazu muss die betriebliche Führung die Bereitschaft entwickeln, Fehler zu reflektieren und darüber offen zu sprechen. Nur wenn nämlich die Chefs hierzu bereit sind, werden ihnen auch die Mitarbeiter folgen. Erst wenn allen Entscheidungsträgern die notwendigen eigenen Verhaltensänderungen bewusst sind, können die Mitarbeiter mitgenommen werden.

Der Erfolg des dazu notwendigen Veränderungsprozesses hin zu einer *Human Factors*-orientierten Fehlerkultur basiert auf drei Säulen:

- Schaffung eines grundlegenden Problembewusstseins für menschliche Fehler im Allgemeinen sowie für die fachlichen Fehlerquellen und Gefahrenpotenziale im Speziellen. Hierfür eignen sich *Human Factors*-Trainings sehr gut.
- Institutionalisierte Aufarbeitung und innerbetriebliche Bekanntmachung von Vorkommnissen und Fehlern, um deren erneutes Auftreten systematisch zu verhindern. Airlines sind übrigens gesetzlich verpflichtet, ein (i. d. R. anonymes) Fehlermeldesystem zu unterhalten (z. B. CIRS).
- Kontinuierliche Sensibilisierung für ein fehlerkritisches Verhalten durch die Hierarchie. Für ein Gelingen kommt dabei den Führungskräften, insbesondere denen der obersten sowie der untersten Ebene, erhebliche Bedeutung zu. Eine Neuausrichtung der betrieblichen Kultur steht und fällt mit der Akzeptanz sowie dem Um- und Durchsetzungswillen des leitenden Personals.

Um Fehler zu vermeiden, müssen die Instrumente dort ansetzen, wo diese am ehesten entstehen: beim Menschen. Die systematische Auseinandersetzung mit den Folgen von und dem Umgang mit Stress, Druck, Ermüdung, sozialen Normen und Selbstüberschätzung ist daher heute fest in der Grundausbildung und in den Wiederholungstrainings der gesamten Luftfahrtbranche verankert. *Human Factors*-Trainings zum Verständnis für die Grenzen der menschlichen Leistungsfähigkeit sind seit Anfang der 1980er Jahre gesetzlich verpflichtend und haben maßgeblich zur Reduktion menschlich bedingter Flugunfälle beigetragen.

Nach gleichem Muster lassen sich auch Leistungen von Mitarbeitern in Steuerkanzleien optimieren, indem eine Sensibilisierung für betriebliche Fehler- und Gefahrenquellen in den anfallenden Arbeiten in einer Kanzlei geschaffen wird. Die Mitarbeiter können in den Trainings zum vorausschauenden Handeln angeregt werden, um sich der Tragweite ihrer Entscheidungen bewusst zu sein. Dies geschieht anhand praktischer Vorkommnisse, die verdeutlichen, wie Fehler entstehen, wie schnell die Grenzen menschlicher Leistungsfähigkeit erreicht werden und welche Folgen eigenes Handeln auslöst. In der Luftfahrt werden dazu typische Ursachen und Fehlerketten anhand bekannter Flugunfälle aufgearbeitet und auf Situationen im eigenen Umfeld übertragen. Auch das *Challenger*-Unglück oder die *Love Parade*-Tragödie sind oft in Trainings herangezogene Beispiele für die Verkettung ungünstiger Umstände, die zu einer Katastrophe führten (Klingels 2013, S. 219–248).

Nach solchen Trainings muss es dann gelingen, das Wissen um die *Human Factors* im Alltag zu nutzen und anzuwenden. Dabei hat es sich bewährt, Vorkommnisse in Teambesprechungen, *Debriefings* oder über betriebliche Medien zu thematisieren und Lösungswege zu erläutern.

Neben Trainings und laufender Auseinandersetzung mit Fehlern sind (anonyme) Reporting- und Analysesysteme ein sinnvolles Tool zur Fehlerreduktion (Hinsch 2011, S. 69–72). Mit einem solchen Instrument sollten Fehler und Risiken im betrieblichen Alltag als Erkenntnisgewinn aufgegriffen und analysiert sowie Verbesserungsmaßnahmen angewiesen und gesteuert werden. In einigen Betrieben kommt dieses Instrument bereits zum Einsatz und wird dort meist mit dem Namen CIRS bezeichnet *(Critical Incident Reporting System)*. Es ist ein Tool zur ständigen und systematischen Verbesserung, denn es:

- … werden geschehene Vorkommnisse berichtet und aufgearbeitet, um die Wiederholungsgefahr zu vermeiden (reaktiver Ansatz).
- … werden potenzielle Qualitäts- und Sicherheitsgefahren präventiv erkannt und frühzeitig gesteuert, um ein Auftreten zu verhindern (proaktiver Ansatz).
- … werden Maßnahmen zur Aufrechterhaltung und Verbesserung der Prozessleistung durchgeführt.

Solche Reporting-Tools sind deshalb attraktiv, weil auf das Wissen der eigenen Mitarbeiter zurückgegriffen wird. Die Beschäftigten kennen ihre Abläufe besser als jeder externe Prüfer und sie sind durchaus in der Lage, betriebliche Systemschwächen zu erkennen. Oft sind die ausführenden Mitarbeiter jedoch nicht in der Position, Verbesserungen selbst umzusetzen. Hier werden die Stärken des Reporting- und Analysesystems deutlich, denn die Fehlermeldungen und Verbesserungsvorschläge werden in einem Fachgremium von Mitarbeitern der ausführenden Ebene bewertet. Wenn sinnvoll, können Maßnahmen durch dieses Team von den betroffenen Abteilungen eingefordert und deren Umsetzung gesteuert werden.

Ein solches Reporting- und Analysesystem kann jedoch nur dann funktionieren, wenn den Mitarbeitern der Melde-Prozess bekannt ist. Auch werden sie dieses nur dann akzeptieren, wenn ihnen Ziele und Funktionsweise bekannt sind und sie sicher sein können, bei Meldungen „straffrei" zu bleiben.

11.4 Vorläufiges Fazit

Die meisten dieser Fehler stellen für sich alleine keine Gefahr für die Mandanten dar, können aber erheblichen Mehraufwand von Kosten und Zeit nach sich ziehen. Zudem führen gelegentlich die Verknüpfung verschiedener Umstände sowie kleinere Fehler zu schweren Schäden für die Mandanten und die Kanzlei. Insoweit sollte es das Ziel sein, die eigenen Fehler und Schwachstellen zu reduzieren, um diese unerwünschten Ereignisse zu minimieren.

Zu allen Maßnahmen ist anzumerken, dass deren Anwendung und Erfolgsaussichten maßgeblich von der Organisationsgröße abhängen. Auf eine Faustformel gebracht gilt, dass diese in größeren Steuerkanzleien eine bessere Wirkung entfalten. In der kleineren Steuerkanzlei entscheidet nämlich in der Regel der Inhaber mit seinem eigenen Verhalten über die Art und den Umfang des Fehlerumgangs.

Literatur

Hinsch, M. (2011). Anonyme Fehlerreports und -analysesysteme – Nachhaltige Qualitätsverbesserung in der Luftfahrtbranche. *Industriemanagement, 27*(4), 69–72.

Klingels, F. (2013). Human Factors Trainings – Konzeptionierung, Einführung und kontinuierliche Mitarbeitereinbindung in der betrieblichen Praxis. In: M. Hinsch & J. Olthoff (Hrsg.), *Impulsgeber Luftfahrt – Industrial Leadership durch luftfahrtbetriebliche Aufbau- und Ablaufkonzepte.* Berlin: Springer.

Teil III
Spitzenleistung in der Steuerberatung durch die „3 × 4 = Alles"-Methode

Übertragung der Kenntnisse aus der Luftfahrt auf die Steuerberatung

12

„Fliegen ist wie Steuerberatung" – im Sinne dieses Buches: ja!

Ein sicherer Flug (siehe Abb. 12.1) ist wie eine richtige und erfolgreiche Beratung. Wie bereits in den vorherigen Kapiteln besprochen ist die korrekte Erstellung einer Steuererklärung oder eines Jahresabschlusses, die fristgerechte und richtige Anfertigung von Lohn- und Finanzbuchhaltungen immer eine Teamleistung. Dies alles kann – wie in der Luftfahrt – nur funktionieren, wenn alle am Leistungsprozess Beteiligten in fachlicher korrekter und abgestimmter Weise zusammenarbeiten. Hierbei liegt es auf der Hand, dass die Arbeitsprozesse umso effizienter und fehlerfreier funktionieren, je besser die Zusammenarbeit aller Mitwirkenden organisiert ist. Auch wenn es in der Steuerberatung zum Glück nicht um Menschenleben, sondern „nur" um das Geld der Mandanten geht, muss im Sinne einer ökonomischen Kanzleiorganisation das Ziel sein, die Fehlerquote des Unternehmens in Richtung „null" zu bewegen und eine optimale Produktivität zu

Abb. 12.1 Flugzeug am Himmel. (© Jag_cz/Fotolia)

© Springer Fachmedien Wiesbaden GmbH, ein Teil von Springer Nature 2018
T. Siegel und M. Wunderlich, *Steuerkanzleien erfolgreich führen*,
https://doi.org/10.1007/978-3-658-20339-9_12

erreichen. Zudem wird durch die Optimierung der Zusammenarbeit das Maß an Zufriedenheit und Arbeitsfreude bei allen Beteiligten erhöht.

12.1   Das Konzept der ganzheitlichen Aufstellung

Ein wichtiger Ansatz der Luftfahrt besteht in der ganzheitlichen Aufstellung. Damit ist gemeint, dass unternehmerische Exzellenz nur dann erreicht werden kann, wenn die beteiligten Personen fachlich auf höchstem Niveau handeln, die Prozesse bestmöglich organisiert sind und interpersonell eine reibungslose und zielorientierte Kommunikation stattfindet. Das macht die Exzellenz in der Steuerberatung, in der Luftfahrt und letztlich in jeder Branche aus.

Sicherlich sind fallweise die Schwerpunkte ein wenig anders zu setzen: So braucht man für die Erstellung eines Jahresabschlusses umfassende fachliche Kenntnisse, beispielsweise im Bereich des HGB, KStG, EStG, und GewStG. Im Rahmen der Erstellungsarbeiten sind wiederum insbesondere prozessuale Kenntnisse wichtig. Wie geht man also am sinnvollsten vor, um schnell und effizient zu einem fachlich richtigen Ergebnis zu kommen? Zum Beispiel ist es wenig sinnvoll, alle Abschlusstätigkeiten abzuarbeiten und erst gegen Ende die Inventurunterlagen vom Mandanten anzufordern. Bei der Bilanzbesprechung mit dem Mandanten stehen eher die interpersonellen Kenntnisse im Vordergrund, da der Mandant selten eine „Vorlesung" zu seinem Jahresabschluss hören möchte.

Die drei Kompetenzen stehen zusätzlich in Wechselwirkung mit der Ausrichtung des Unternehmens als Ganzes, eine Korrelation, die wir in den folgenden Abschnitten genauer beleuchten werden. Um die Gesamtausrichtung der Kanzlei näher untersuchen zu können, bedienen wir uns des sogenannten *Stakeholder*-Ansatzes.

12.2   Der *Stakeholder*-Ansatz

Der *Stakeholder*-Ansatz (siehe Abb. 12.2) wurde in der Management- beziehungsweise Betriebswirtschaftslehre entwickelt. Dieses Modell basiert auf dem Gedanken, dass ein Unternehmen niemals im luftleeren Raum handelt, sondern mit verschiedenen Interessengruppen interagiert. Der Begriff *„Stakeholder"* bedeutet aus dem Englischen übersetzt „Teilhaber" oder „Anspruchsgruppe". Nach diesem Konzept sollten Unternehmen ihre *Stakeholder* beziehungsweise deren Erwartungen und Anforderungen kennen und berücksichtigen, da nur so eine langfristige Zusammenarbeit gewährleistet ist. Demnach werden der Zweck, die Ziele und die Strategie eines Unternehmens darauf ausgerichtet, dass die Interessen der wichtigen

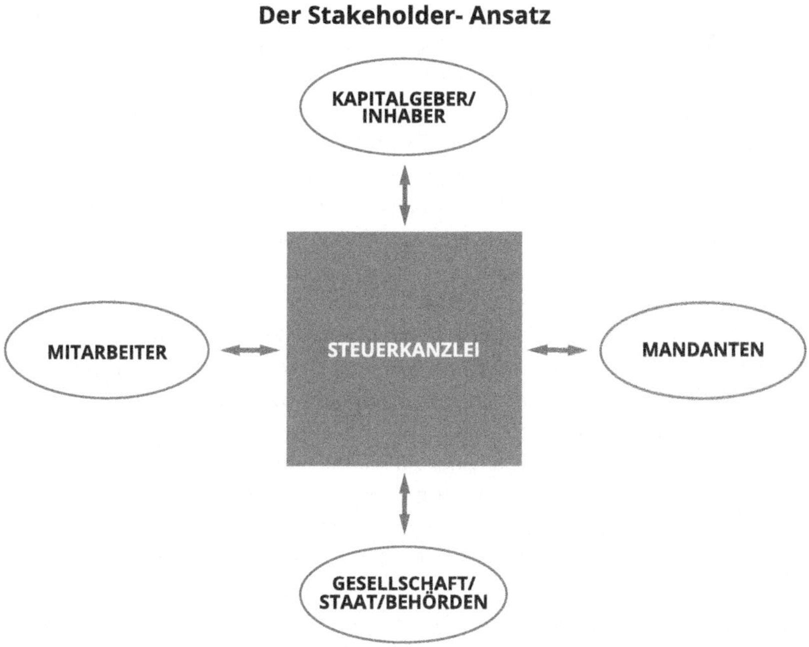

Der Stakeholder- Ansatz

Abb. 12.2   Der *Stakeholder*-Ansatz

und einflussreichen Anspruchsgruppen erfüllt werden. Missachtet ein Unternehmen die Erwartungen seiner *Stakeholder,* stellt dies ein großes Risiko dar, das im schlimmsten Fall die Existenz des Betriebs bedrohen kann.

Je nach der Art des Unternehmens können diese Anspruchsgruppen sehr unterschiedlich gestaltet sein. Für Steuerkanzleien lassen sich jedoch vier *Stakeholder*-Gruppen definieren:

1. Mitarbeiter/Lieferanten (Freelancer)
2. Mandanten
3. Staat/Gesellschaft
4. Inhaber/Kapitalgeber.

Die erste Interessengruppe stellen die Mitarbeiter dar. Diese Gruppe umfasst typischerweise auch die Lieferanten, die in der Betriebswirtschaftslehre an dieser Stelle häufig behandelt werden, doch bei Steuerkanzleien nur eine sehr untergeordnete

Rolle spielen. Allenfalls wären hier die auf selbstständiger Basis mitarbeitenden Personen und *Freelancer* zu nennen, die jedoch sinnvollerweise zu der Gruppe der Mitarbeiter gezählt werden.

Die Mandanten bilden die zweite *Stakeholder*-Gruppe, die als Kunden des Unternehmens selbstverständlich von großer Bedeutung sind.

Die dritte *Stakeholder*-Gruppe formieren der Staat und die Gesellschaft. Diese Interessengruppe beinhaltet den gesamten Kontakt mit Behörden wie beispielsweise mit dem Finanzamt, den Krankenversicherungen, Rentenversicherungen und manchmal auch der Polizei.

Die vierte Interessengruppe bilden die Inhaber der Kanzlei. Das sind bei einem Einzelunternehmen die Inhaber, bei einer Personengesellschaft die Partner und bei Kapitalgesellschaften die Anteilseigner. Daneben können auch Geldgeber wie Banken dieser *Stakeholdergruppe* angehören, wenn zum Beispiel die Übernahme einer Kanzlei finanziert wurde.

Ein Unternehmen, das nachhaltig am Markt tätig sein will, sollte dauerhaft allen vier Interessengruppen gleichermaßen gerecht werden. Gleichzeitig stehen die Interessengruppen und das Unternehmen in Wechselbeziehung und richten Erwartungen und Ansprüche aneinander. Diese gegenseitigen Wünsche können zueinander identisch, komplementär, konträr oder indifferent sein. Aufgabe der Organisation ist es nun, die gegenseitigen Interessen so auszugleichen, dass ein wirtschaftlicher Fortbestand möglich und sinnvoll ist und die Zusammenarbeit mit den *Stakeholdern* mittel- und langfristig in allen Sichtweisen sinnvoll wird. Hierbei ist es natürlich nicht möglich, allen *Stakeholdern* zu jedem Zeitpunkt gleichermaßen gerecht zu werden, vielmehr geht es um die Herstellung eines dauerhaften Gleichgewichts.

Betrachten wir die Erwartungen der einzelnen *Stakeholder*-Gruppen im nächsten Schritt etwas näher

Erwartungen der Mitarbeiter an die Kanzlei

Die Mitarbeiter erwarten von dem Unternehme ein faires, angemessenes Gehalt sowie einen möglichst sicheren Arbeitsplatz. Gute innerbetriebliche Entwicklungsmöglichkeiten, ein ausgeglichenes Betriebsklima sowie ein ausgewogenes Verhältnis zwischen Arbeit und Freizeit sind ebenfalls von zentraler Bedeutung für das Team.

Erwartungen der Kanzlei an die Mitarbeiter

Das Unternehmen erwartet, dass sich durch die Tätigkeit der Mitarbeiter ein hoher Umsatz beziehungsweise zumindest der Deckungsbeitrag erzielen lässt. Auf fachlicher Ebene möchte die Kanzlei, dass die Mitarbeiter sich weiter- und fortbilden. Da gutes Personal nicht einfach zu finden ist, vertraut das Unternehmen zumeist darauf, dass das Personal langfristig in der Kanzlei verbleibt. In interpersoneller Hinsicht sind Beiträge zur Teamleistung sowie ein optimaler Umgang untereinander sowie mit den Mandanten gefordert.

Erwartungen der Mandanten an die Kanzlei
Die Mandanten erwarten von der Kanzlei eine qualitativ hochwertige Beratungsleistung zu einem angemessenen Preis. Zudem verlangen sie zu Recht Zuverlässigkeit, Pünktlichkeit, Erreichbarkeit sowie einen empathischen Umgang von allen Beteiligten. Da der Mandant die fachliche Leistung häufig nicht beurteilen kann, nimmt er vorwiegend die interpersonellen Fähigkeiten des Beraters wahr.

Erwartungen der Kanzlei an die Mandanten
Im Gegenzug setzt das Unternehmen die Bereitschaft des Mandanten voraus, ein angemessenes Honorar pünktlich zu bezahlen. Grundsätzlich erhofft sich die Kanzlei in der Regel eine langfristige Kundenbeziehung, die eventuell eine Empfehlung an Dritte mit einschließt. Selbstverständlich bevorzugt die Kanzlei darüber hinaus eine Zusammenarbeit mit Mandanten, mit denen eine stressfreie, gute interpersonelle Interaktion grundsätzlich möglich ist.

Erwartungen verschiedener staatlicher, halbstaatlicher und privater Stellen an die Kanzlei
Als Organ der Rechtspflege ist es für eine Steuerkanzlei von überragender Bedeutung, dass sie sich in ihrem Handeln zu jedem Zeitpunktpunkt in vollkommener Überreinstimmung mit dem Gesetz befindet. Die verschiedenen Behörden wie Finanzämter, Sozialkassen, Behörden, aber auch halbstaatliche oder gesellschaftliche Gegenüber wie Banken, Versicherungen, Steuerberaterkollegen, Rechtsanwälte, Wirtschaftsprüfer, Notare erwarten von dem Betrieb, dass die vorgesehenen Verfahren lückenlos eingehalten und bestimmte Informationen richtig und innerhalb festgelegter Fristen zur Verfügung gestellt werden.

Erwartungen der Kanzlei an verschiedene staatliche, halbstaatliche und private Stellen
Die Kanzlei möchte vorwiegend eine professionelle (in prozessualer, fachlicher und interpersoneller Hinsicht) und störungsfreie Zusammenarbeit mit den staatlichen, halbstaatlichen und privaten Stellen.

Erwartungen der Inhaber und Partner an die Kanzlei
Das Ziel der Inhaber oder Partner besteht darin, dass die Kanzlei nachhaltig hohe entnahmefähige Gewinne erwirtschaftet und einen stetigen Wertzuwachs erfährt.
In diesem *Stakeholder*-Bereich stellt sich die Frage, wie sich der Kanzleiinhaber zu seinem Unternehmen positioniert. Arbeitet er mehr in der Kanzlei oder an der Kanzlei? Investiert er eine 80-Stunden-Woche oder legt er Wert auf ein ausgewogenes Arbeit-Freizeit-Verhältnis? In diesem Zusammenhang ist die Selbstorganisationsfähigkeit des Kanzleiinhabers von zentraler Bedeutung. Grundsätzlich werden die meisten Inhaber eine 40-Stunden-Woche anstreben, die ein gutes Auskommen gewährt und viel Raum für positive Interaktion mit den Mitarbeitern und Mandanten beinhaltet.

Erwartungen der Kanzlei an Inhaber und Partner
Das Unternehmen benötigt gesunde und leistungsfähige Führungsköpfe, die der Kanzlei eine Vision, eine Mission und damit entsprechende Ziele vermitteln können. Der Inhaber benötigt eine hohe Kompetenz in allen Bereichen, damit er als Impulsgeber wirken und ein innovatives und nachhaltiges Wirtschaften des Betriebs herstellen kann.

Die *Stakeholder* interagieren nach diesem Ansatz selbstverständlich nicht nur mit der Kanzlei, sondern treten auch untereinander in Kontakt. Jeder Mitarbeiter einer Steuerkanzlei ist beispielsweise bei seiner/ihrer Arbeit nicht nur auf die Kollegen, sondern auch auf den Inhaber angewiesen, um die eigene Leistung optimal erbringen zu können. Darüber hinaus benötigt er bestimmte Arbeitsgeräte wie beispielsweise aktuelle Software und funktionierende Hardware, die von entsprechenden Lieferanten zur Verfügung gestellt werden. Während des Arbeitsprozesses ist der Mitarbeiter zudem auf die Mitwirkung der Mandanten angewiesen, die die benötigten Unterlagen und Informationen zur Verfügung stellen. Und schließlich muss in Zusammenarbeit mit den staatlichen oder halbstaatlichen Stellen (Finanzämter, Gerichte, Krankenkassen etc.) die Akzeptanz der Leistung der Steuerkanzlei hergestellt werden.

12.3   Das *Shareholder*-Modell

Das Modell der *Stakeholder* wird in der Management- und Betriebswirtschaftslehre von dem sogenannten *Shareholder*-Konzept begrifflich abgegrenzt. Die *Shareholder* sind die Eigentümer beziehungsweise Anteilseigner eines Unternehmens.

Der *Shareholder-Ansatz* (siehe Abb. 12.3) besagt, dass das Unternehmen vornehmlich darauf ausgerichtet ist, die Erwartungen der eigenen Anteilseigner zu erfüllen. Ziel der *Shareholder* ist die Gewinnerhöhung beziehungsweise die möglichst hohe Verzinsung ihres investierten Kapitals. Der *Shareholder*-Ansatz wird meistens in Großunternehmen vertreten; das Management dieser Firmen orientiert

Abb. 12.3 Der
Shareholder-Ansatz

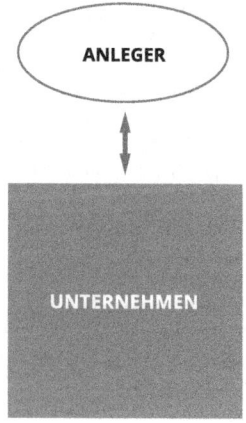

Der Shareholder-Ansatz

sich folglich vornehmlich nach den wirtschaftlichen Zielen seiner Anteilseigner. In der Praxis bedeutet dies meistens, dass eine Steigerung des Aktienkurses in Verbindung mit einer Erhöhung des Umsatzes und des Gewinns angestrebt wird. Die Interessen anderer Personen und Interessengemeinschaften werden zwar im Rahmen des Möglichen wahrgenommen, sie können jedoch nur berücksichtigt werden, sofern sich dies auch positiv auf die erwünschte Wertsteigerung auswirkt.

Bei Steuerkanzleien wird man diesen Management-Ansatz in der Regel nur vor dem Verkauf eines Betriebs vorfinden, um den Wert des Unternehmens entsprechend zu steigern.

12.4 Vom *Stakeholder*-Ansatz zur „3 × 4 = Alles"-Methode

Wie in den vorherigen Kapiteln behandelt, ist der Dreiklang von **fachlicher, prozessualer** und **interpersoneller** Kompetenz von zentraler Bedeutung für den Erfolg einer Steuerkanzlei. Im nächsten Kapitel beleuchten wir daher die Beziehung jeder *Stakeholder*-Gruppe zur Steuerkanzlei unter diesen drei Aspekten. Folglich werden die drei Kompetenzen mit den vier Interessengruppen kombiniert, um die Verfahrensweisen einer Kanzlei vollständig zu hinterfragen, zu analysieren und gegebenenfalls neu auszurichten. Diese Vorgehensweise bezeichnen wir als die **„3 × 4 = Alles"-Methode**, die von Prof. Dr. Siegel im Zuge der Neuausrichtung seiner Kanzlei entwickelt wurde.

In Kap. 13 werden konkrete Maßnahmen dargelegt, anhand derer die Ansprüche und Erwartungen der vier *Stakeholder*-Gruppen in den drei Kernkompetenzbereichen erfüllt werden können.

12.5 Vorläufiges Fazit

Unternehmen operieren nicht in einem Vakuum, sondern in konkreten Zusammenhängen. Um einen nachhaltigen Unternehmenserfolg zu erreichen, handeln Steuerkanzleien in der Regel nach dem *Stakeholder*-Ansatz. Dieser verfolgt das Ziel, die Ansprüche aller vier Interessengruppen (1. Inhaber, 2. Mitarbeiter, 3. Mandanten, 4. Staat/Gesellschaft) bestmöglich zu erfüllen. Das der Luftfahrt entnommene Konzept der ganzheitlichen Aufstellung besagt, dass unternehmerische Exzellenz hohe fachliche, prozessuale und interpersonelle Kompetenzen voraussetzt. Die Kombination dieser beiden Ansätze ergibt die „3 × 4 = Alles"-Methode, die im nachfolgenden Kapitel ausführlich behandelt wird.

Mit der „3 × 4 = Alles"-Methode zum Erfolg

13

13.1 Warum ich die „3 × 4 = Alles"-Methode entwickelt habe

Dieses Kapitel behandelt die konkreten Maßnahmen, die ich bei der Neuausrichtung meiner Kanzlei nach der „3 × 4 = Alles"-Methode (siehe Abb. 13.1) vorgenommen habe. Wie bereits in Kap. 3 geschildert, war ich vor einigen Jahren aus gesundheitlichen Gründen gezwungen, mein berufliches Wirken vollständig neu zu gestalten. Meine damalige Erkrankung wurde für mich zu einem „Warnschuss", der mir klarmachte, dass ich meinen erschöpfenden Arbeitsstil nicht weiter so fortsetzen durfte. Auch meine Mitarbeiter und Mandanten begannen zu ahnen, dass etwas mit mir nicht stimmte. Sogar die Behörden der *Stakeholder*-Gruppe „Staat und Gesellschaft" haben meine leichte Ermüdung wahrgenommen. Doch vor allem erkannte ich als Inhaber, dass ich zu diesem Zeitpunkt keine optimale Führungskraft und innovativer Impulsgeber mehr war.

In dieser Zeit hatte meine Kanzlei einen regen Zulauf von Mandanten aus der Luftfahrtbranche, vor allem von Piloten, da sich herumgesprochen hatte, dass meine Kanzlei ein internationales Verständigungsverfahren für einen Piloten erfolgreich begleitet hatte. Schnell erfuhr ich in vielen Gesprächen mit den Piloten, mit welchen effektiven Methoden die Luftfahrt immer sicherer geworden war. Vor allem fiel mir jedoch die Begeisterung auf, mit der die Piloten ihren Beruf ausüben. Diese Kombination aus Effizienz und Begeisterung setzte ich mir für meine neue Managementmethode zum Ziel, daher bildet diese Verbindung einen Kerngedanken für die Neuausrichtung meiner Kanzlei.

© Springer Fachmedien Wiesbaden GmbH, ein Teil von Springer Nature 2018
T. Siegel und M. Wunderlich, *Steuerkanzleien erfolgreich führen*,
https://doi.org/10.1007/978-3-658-20339-9_13

Abb. 13.1 Mit der
„3 × 4 = Alles"-Methode
zum Erfolg

13.2   Das Prinzip der „3 × 4 = Alles"-Methode

Die *„3 × 4 = Alles"-Methode* (siehe Abb. 13.2) betrachtet das Verhältnis des
Unternehmens zu den **vier** Stakeholder-Gruppen in Hinsicht auf die **drei** wichtigen Kernkompetenzen (prozessual, fachlich und interpersonell), die zuvor aus
dem Übertragungsmodell der Luftfahrt herausgearbeitet wurden. Nach dem
Stakeholder-Ansatz (siehe Kap. 12) verfolgt ein Unternehmen das Ziel, die
vier Interessengruppen, mit denen es langfristig interagiert, möglichst zufrieden zu stellen, um eine weitere Zusammenarbeit zu gewährleisten. Nach der
„3 × 4 = Alles"-Methode kann dies jedoch nur gelingen, wenn bei dem Austausch mit jeder *Stakeholder*-Gruppe jede der drei Kernkompetenzen tief greifend

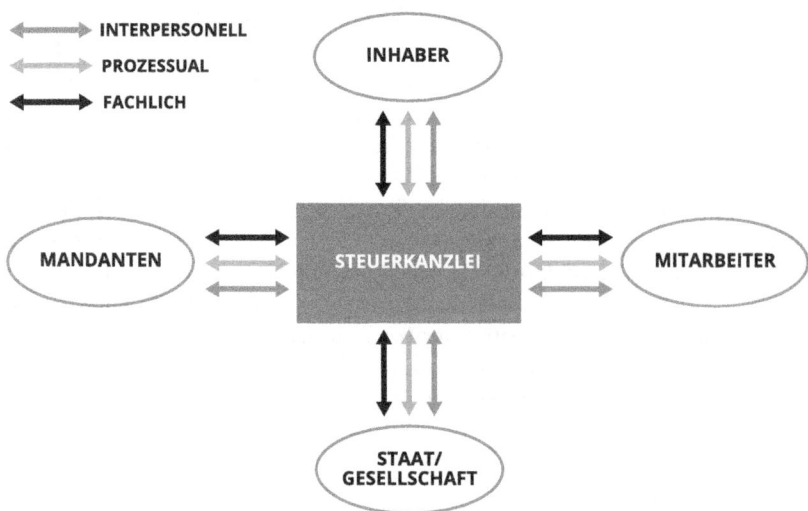

Abb. 13.2 Die „3 × 4 = Alles"-Methode

berücksichtigt wird. Erst wenn **3** Kernkompetenzen mit jeder der **4** Stakeholder-Gruppen in Ausgleich (**3 x 4**) gebracht sind, wird sich der andauernde Erfolg einer Kanzlei (**=Alles**) einstellen. Aus der Kombination all dieser Elemente ergibt sich die Formel: „**3 x 4 = Alles**" und somit der Titel der von mir entwickelten Methode.

In den nachfolgenden Abschnitten lege ich dar, welche konkreten Maßnahmen ich bei der Umsetzung dieser Methode meiner Kanzlei genau ergriffen habe.

13.3 Die Kanzlei und die Mitarbeiter

Zunächst behandeln wir die Interessengruppe der Mitarbeiter. Wie bereits in den vorherigen Kapiteln erwähnt, stehen die Mitarbeiter bei uns an einer zentralen Stelle und wir nehmen den Teamgedanken äußerst ernst. Nur dank unserer Mitarbeiter erreichen wir jeden Tag unser Leistungsziel. Doch wie bereits in Kap. 1 ausgeführt, ist die Personal-Akquise für Steuerkanzleien heute zu einer wahren Herausforderung geworden. An dieser Situation konnten auch die gut gemeinten Image-Kampagnen wie „Steuer rockt" von diversen Berufsverbänden nichts ändern. Dem Berufsumfeld der Steuerberatung haftet leider dauerhaft der Verdacht an, „staubtrocken" und spröde zu sein. Daher ist es vor allem schwierig, junges Personal zu finden, das die notwendige Digitalisierung weiter vorantreibt. Zudem werden heute häufig die Ausbildungsberufe von Abiturienten als weniger attraktiv empfunden, da viele ein Hochschulstudium anstreben. Der Wettbewerb um Fachangestellte beziehungsweise Fachwirte ist gleichermaßen hart geworden. Liegt eine Steuerkanzlei jenseits der großen Städte, dann ist es besonders hart, qualifizierte, junge Menschen für das eigene Unternehmen zu gewinnen. Um diese Hürden zu überwinden, ist es umso wichtiger, die eigene Kanzlei zeitgemäß auszurichten. Diese Ausrichtung betrachten wir in den nächsten Abschnitten in Hinsicht auf die drei Kernkompetenzen: prozessual, fachlich und interpersonell.

Prozessuale Dimension

Da gute Mitarbeiter für den Erfolg der Kanzlei essenziell sind, richten wir uns bei der Personal- Akquise stark nach den Wünschen unserer Bewerber aus. Dies beginnt bereits mit einer entsprechenden Internet- und Facebook-Präsenz, die unseren Teamgedanken bestmöglich widerspiegelt. Viele Kollegen möchten ihr Unternehmen teamorientiert ausrichten, doch wenn man die zugehörige Website betrachtet, fällt einem sofort auf, dass diese nur die Berufsträger und Führungsspitze darstellt. Hierdurch wirkt die angestrebte Teamorientierung schnell unglaubwürdig, was durch potenzielle Bewerber häufig auch so wahrgenommen wird.

Zudem stellt das Gehalt für viele junge Berufsanwärter heute nicht mehr die höchste Priorität dar, sondern sie achten zudem auf folgende Kriterien bei der Stellenauswahl: Bietet die neue Arbeitsstelle flexible Arbeitszeiten und Gleittage? Besteht die Möglichkeit, sich Sabbatzeiten zu nehmen? Wie sind die Aufstiegschancen und das Betriebsklima? Anhand von Geldzahlungen kann man viele Mitarbeiter gegenwärtig nur noch sehr kurzfristig motivieren.

Wie in den vorherigen Kapiteln besprochen, ist uns eine klar geregelte, innerbetriebliche Kommunikation zwischen allen Beteiligten äußerst wichtig. Daher halten wir in bestimmten Abständen Besprechungen ab: Immer montags setzen sich beispielsweise die Berufsträger mit der Kanzleileitung zusammen und gehen die wesentlichen Punkte durch: Welche Mandate haben konkreten Handlungsbedarf? Was ist diese Woche wichtig? Was war letzte Woche? Wo muss man eingreifen? Darüber hinaus gibt es einmal pro Woche ein Treffen der Kanzleileitung, des Teams mit dem Sekretariat; hierdurch bleiben die wichtigsten Schnittstellen innerhalb des Hauses im ständigen Austausch. Jeden Dienstag um 10 Uhr findet zusätzlich eine Besprechung für das gesamte Team statt. Hier werden alle wichtigen Punkte diskutiert wie beispielsweise: Welche Mandanten sind neu hinzugekommen oder gegangen? Auf welchen Fortbildungen waren Teammitglieder und wie schätzen sie den Mehrwert dieser Seminare ein?

Bei allen Besprechungen ist es für uns selbstverständlich, dass jedem Teammitglied ein unbeschränktes Rederecht zusteht, egal ob die Besprechung insgesamt zehn Minuten oder eine halbe Stunde andauert. Diese Regelung ist Ausdruck unseres tiefen Vertrauens und unsere Wertschätzung für die Mitarbeiter. Zudem werden alle Besprechungen protokolliert. Dies erfolgt zum einen aus Dokumentationszwecken und zum anderen wird den abwesenden Mitarbeitern die Möglichkeit eingeräumt, später nachzulesen, was besprochen wurde.

Zudem gibt es jedes Jahr ein Mitarbeitergespräch, bei dem wir die Erfahrungen des letzten Jahres mit jedem Mitarbeiter besprechen. Bei diesen Gesprächen gehen wir (die Kanzleileitung und ich als Inhaber) mit jeweils zwei Mitarbeitern im Wald oder Park spazieren und diskutieren, wie wir das vergangene Jahr, die gegenwärtigen Aufgaben und kommende Herausforderungen beurteilen. Diese Feedback-Gespräche werden von unseren Mitarbeitern sehr gut aufgenommen, da die zusätzliche Bewegung den Denkprozess und die Reflexion bei den Gesprächen anregt. Anschließend essen wir alle gemeinsam zu Mittag und gehen die Ergebnisse nochmals im Plenum durch. Das Resultat wird anschließend protokolliert, sodass alle Anregungen und Hinweise unserer Teammitglieder in das Ergebnis einfließen.

Darüber hinaus finden jedes Jahr Endgespräche und Leistungsevaluierungen statt, bei denen auch das Gehalt verhandelt wird. Diese Beurteilung basiert in der Regel auf vielen vorausgegangenen Gesprächen, da alle Berufsträger meiner Kanzlei den Mitarbeitern möglichst unmittelbar Feedback geben. Hat ein Mitarbeiter seine Sache besonders gut gemacht oder größere Projekte abgeschlossen und diese dem Mandanten positiv vermittelt, dann teilen wir dem Mitarbeiter das sofort mit. Diese regelmäßigen Feedbacks unterstützen unsere Mitarbeiter bei der Selbsteinschätzung ihrer Leistungen.

Eine der wichtigsten prozessualen Vorgaben innerhalb meiner Kanzlei ist zudem, dass die Mitarbeiter bei allen Mandantengesprächen immer dabei sind. Als Chef nehme ich mich sehr bewusst aus diesem Prozess heraus, da es letztendlich die Mitarbeiter sind, die den Erfolg der Kanzlei vorantreiben.

Fachliche Dimension

Das fachliche Können der Mitarbeiter ist ein essenzieller Bestandteil unseres Erfolges. Aus diesem Grund zahlen wir selbstverständlich nicht nur alle Fortbildungen unserer Teammitglieder, sondern wir machen zudem deutlich, wie wichtig ihre Weiterbildung für uns ist. Wenn jemand ein Seminar besucht hat, erwarten wir, dass der Teilnehmer den anderen Teammitgliedern berichtet, welche Inhalte dort behandelt wurden. Außerdem fragen wir, ob die Fortbildung als sinnvoll beurteilt wird und ob wir erneut Mitarbeiter dorthin entsenden sollten. Falls ein Mitarbeiter die Prüfung zum Steuerfachwirt oder Steuerberater ablegen möchte, unterstützen wir ihn gerne mit Freizeitausgleich und einer teilweisen oder vollständigen Übernahme der Kosten.

Da wir den Fortbildungsbereich äußerst ernst nehmen, haben wir eine Fortbildungsbeauftragte, die diesen gesamten Bereich organisiert. Sie achtet darauf, dass die Auswahl der Weiterbildungsseminare zielorientiert erfolgt, sodass die Mitarbeiter nicht „einmal dies und einmal das" Seminar besuchen. Darüber hinaus bezieht sie die räumliche Verteilung der Mitarbeiter mit ein, sodass Mitarbeiter, die sich ein Büro teilen, nicht zu derselben Fortbildungsmaßnahme gehen. Auf diese Weise können sich die Kollegen mit unterschiedlichen Expertisen gegenseitig fachlich besser unterstützen.

Grundsätzlich ist unser Team zwar generalistisch – also für ein möglichst breites Spektrum von Mandantenbedürfnissen – aufgestellt, doch wir pflegen gleichzeitig auch unser Spezialwissen. Jeder Angestellte muss drei Spezialgebiete (zum Beispiel Vereine, Landwirtschaft, internationales Steuerrecht) auswählen, in denen er sein Wissen vertieft und regelmäßig erweitert. Darüber hinaus ist jeder Mitarbeiter verpflichtet, zweimal im Jahr einen Fachartikel zu einer speziellen Sachfrage zu verfassen, den wir anschließend auf unserer Internetseite veröffentlichen. Als Nebeneffekt erhöht diese hohe Publikations-Aktivität das *Google-Rating* der Kanzlei-Website und hilft uns, besser im Netz gefunden zu werden.

Interpersonelle Dimension

Eine gute Arbeitsatmosphäre ist für uns von zentraler Bedeutung. Aus diesem Grund halte ich Mitarbeitergespräche grundsätzlich nicht in meinem Büro hinter meinem Schreibtisch ab. Eine solche Konstellation positioniert mich zu sehr als „Chef" und rückt die Hierarchie schon räumlich betrachtet in den Mittelpunkt, sodass ein Gespräch auf Augenhöhe kaum noch möglich ist.

Zusätzlich stellen wir eine gute Atmosphäre durch vielfältige Veranstaltungen her. Zweimal in jedem Monat gibt es beispielsweise ein gemeinsames Mittagessen der Kanzlei, das von der Geschäftsleitung übernommen wird. Bei diesen Terminen besuchen wir mit dem ganzen Team ein Restaurant oder lassen uns etwas besonders Leckeres liefern. Jedes Jahr unternehmen wir zudem mit der gesamten Belegschaft einen außergewöhnlichen Ausflug. Hierbei ist es uns wichtig, diese Ausflüge aktiv zu gestalten, da auf diese Weise der Teamgeist mehr gestärkt wird und das Erlebnis lebhafter in Erinnerung bleibt. Dies kann beispielsweise eine Wanderung mit Almbesuch und gemeinsamem Spanferkel-Essen bei Sonnenuntergang sein. Auch bei der Weihnachtsfeier legen wir großen Wert darauf, den Teamgeist durch einprägsame, gemeinsame Erlebnisse zu festigen.

Darüber hinaus achten wir darauf, dass wir uns aufmerksam und persönlich miteinander austauschen. Liegt einem Mitarbeiter etwas auf dem Herzen oder bedrückt ihn etwas, sprechen wir das direkt an und nehmen an seiner persönlichen Situation teil. Ist ein Mitarbeiter mehr als ein paar Tage krank, senden wir selbstverständlichen eine „Gute Besserung"-Grußkarte. Auch bei Geburtstagsgeschenken achten wir auf persönliche Präsente.

Vor kurzem haben wir die Zufriedenheit unserer Mitarbeiter durch eine externe Beratungsfirma ermitteln lassen und zu unserer Freude außergewöhnlich gut abgeschlossen. Auch der Krankheitsstand unserer Mitarbeiter liegt mit 2 % weit unter der üblichen 5,1 %-Rate (Stand 2016).

13.4   Die Kanzlei und die Mandanten

Prozessuale Dimension

Im nächsten Schritt untersuchen wir das Verhältnis zwischen Mandanten und Kanzlei in Bezug auf die drei Kernkompetenzen. Alle typischen Verfahren sind bei uns genau definiert und werden über verbindliche Checklisten abgeleistet. Dies ist Teil unseres zertifizierten Qualitäts-Management(QM)-Systems. Auf diese Weise gewährleisten wir, dass in den jeweiligen Fachbereichen eine konstant hohe Leistung gegenüber unseren Mandanten erbracht wird.

Eine große prozessuale Neuerung der letzten Jahre bestand darin, dass wir ein sehr effizientes Dokumenten-Management-System implementiert haben. Dieses System ermöglicht uns anhand des Mandantennamens alle Unterlagen sofort heranzuziehen. Dies ist insbesondere von Vorteil, wenn sich die Beratungssituation etwas komplexer gestaltet und verschiedene Bereiche beinhaltet. Im Fall eines Anrufs eines Mandanten oder einer Nachfrage mussten wir früher schnell mehrere Akten heraussuchen, doch anhand des neuen Systems liegt nun alles sofort mit einem Mausklick vor – einschließlich aller Belege und Unterlagen. Wie bereits in den vorherigen Kapiteln erläutert, ist es dringend notwendig, schon jetzt auf eine digitale Erfassung und Bearbeitung umzustellen, da ab 2020 oder 2021 die Finanzverwaltungen alle Erklärungen nur noch in digitaler Form entgegennehmen. Allerdings geben noch immer ca. 70 % unserer Mandanten ihre Unterlagen in Form von Ordnern ab und wir scannen anschließend alles ein. Da wir gerne mehr Unterlagen bereits digitalisiert erhalten würden, beraten wir unsere Mandanten bezüglich entsprechender Soft- und Hardware. In diesem Zusammenhang nimmt unser Software-Partner eine wichtige Position ein. In Zusammenarbeit mit ihm versuchen wir, möglichst viele Mandanten auf die Digitalisierung der Prozesse einzustimmen – eine der großen Herausforderungen unserer Zeit.

Eine weitere wichtige prozessuale Erleichterung ist die Einrichtung von Vollmachtdatenbanken. Diese existieren leider noch nicht in allen Bundesländern (Stand 2017), doch in Bayern wurde dieses Verfahren bereits eingerichtet. Hierzu unterschreibt der Mandant eine Vollmacht, die bei der Finanzverwaltung hinterlegt wird und dort für den Steuerberater abrufbar ist. Auf diese Weise muss der Berufsträger nicht immer wieder neue Bevollmächtigungen einholen. Eine weitere Erleichterung bietet das Bundeszentralamt für Steuern. Mit Einverständnis des Mandanten kann der Berater dort alle zugehörigen Daten abrufen und in die vorausgefüllte Steuererklärung einsetzen. Auf diese Weise sind die eventuellen Kapitalerträge, Sonderausgaben und persönliche Daten wie der Familienstand bereits eingefügt. Nur ein zugelassener Steuerberater kann diese Daten abrufen.

Eine weitere Prozesserleichterung bietet die DATEV mit einem Auftragsverwaltungsprogramm. Anhand dieses Programms wird ermittelt, wie viel Personal vorgehalten werden muss, um alle Aufträge zu bearbeiten, wie man eine optimale Verteilung der Aufgaben organisiert und welchen zeitlichen Aufwand die Arbeit kostet. Anhand dieses Programms kann meine Kanzleileitung das *Workload-Management* optimal abwickeln.

Darüber hinaus haben wir – wie bereits in Kap. 8 angesprochen – bestimmte Mindeststandards für die gesamte Korrespondenz wie beispielsweise alle Briefe, Mails und Telefonate festgelegt. Für die Besprechungen mit den Mandanten gibt es ebenfalls konkrete Strukturvorgaben. Die Mitarbeiter sind angewiesen, alle Gespräche mit kurzen Notizen zu protokollieren. Hier wird beispielsweise festgehalten, was sich in dem Leben des Mandanten verändert hat (z. B. eine Scheidung), damit wir dies in den Stammdaten berücksichtigen können.

Fachliche Dimension

Auf fachlicher Ebene unterstützen wir unsere Mandanten mit unserem *Newsletter,* in dem wir aktuelle Sachthemen aufgreifen. Beispielsweise betreuen wir viele Mandanten, die in ihren Unternehmen mit Bargeld operieren. Diesen Kunden senden wir spezielle Informationen, wie ein aus steuerlicher Sicht optimal geführtes Kassensystem aussieht. Ein anderes Beispiel sind unsere GmbH-Mandanten: Da es immer wieder steuerrechtliche Änderungen in diesem Bereich gibt, informieren wir unsere Mandanten auf diesem Gebiet laufend.

Grundsätzlich ist meine Kanzlei zwar generalistisch aufgestellt, doch – wie bereits erwähnt – ist jeder Mitarbeiter aufgerufen, in drei Bereichen ein Spezialwissen aufzubauen und zu pflegen. Nach einem Fortbildungsbesuch verfasst der teilnehmende Mitarbeiter hierzu oft einen Artikel, damit unsere Fachkompetenz auch nach außen sichtbar wird und der Mandant sich bei uns entsprechend informieren kann. Damit der Mandant von unserer vielfältigen Fachkompetenz erfährt, aktualisieren wir regelmäßig unsere Internetpräsenz, legen Flyer aus und informieren ihn in persönlichen Gesprächen. Neben Broschüren und Fachartikeln veröffentlichen wir auch verschiedene Bücher und halten regelmäßig Vorträge bei Banken, Stiftungen und Vereinen.

Zudem unterstützen wir unsere Mandanten in Fragen, die wir selbst nicht bearbeiten können. Aus diesem Grund führen wir ein Netzwerk mit verschiedenen Partnern wie Rechtsanwälten, Notaren, Wirtschaftsprüfern, Versicherungsberatern usw., das wir regelmäßig erneuern und ausbauen. Selbstverständlich prüfen wir vorher genau, ob der neue Partner fachlich und menschlich zu uns passt. Nachdem wir eine Empfehlung gegenüber einem Mandanten ausgesprochen haben, fragen wir anschließend stets nach und bitten um ein Feedback über die Zufriedenheit unseres Kunden, um den Erfolg der Empfehlung und die Güte unseres Netzwerks zu überprüfen.

Interpersonelle Dimension

Unser Hauptziel ist, dass der Beratungsprozess für unsere Mandanten ein positives Gesamterlebnis darstellt. Darüber hinaus pflegen wir, über das Mandat hinaus, gute Kontakte zu unseren Mandanten. Beispielsweise veranstalten wir regelmäßig gesellige Events in der Kanzlei wie Vernissagen oder Lesungen. Aktuell haben wir anstelle eines Werks von einem regionalen Künstler unsere eigenen Lieblingsbilder ausgestellt: Jeder Mitarbeiter hat ein eigenes Bild – beispielsweise ein Urlaubsfoto – eingebracht und wir haben dieses auf Leinwand gezogen und in unserer hauseigenen Galerie ausgestellt. Bei der Ausstellungseröffnung wurden Südtiroler Speck, Schüttelbrot und Musik angeboten; die Veranstaltung hat unseren Mandanten sehr gut gefallen. Der Abend war nicht nur originell, sondern erhielt durch die Verwendung der individuellen Ausstellungstücke einen besonders persönlichen Charakter.

Auf eine persönliche Note legen wir auch bei unseren Kundengeschenken sehr viel Wert. Wir möchten nicht das „Übliche" verteilen, sondern versuchen sinnvolle Präsente zu geben. Die Herren erhalten einen von mir stets selbst ausgesuchten, hochqualitativen Wein. Die Damen bekommen, falls gewünscht, ebenfalls einen Wein oder eine kleine Überraschung. Dies können eine Tasche aus Madagaskar, Badesalz oder mit unserem Logo bedruckte Pralinen sein. Zusätzlich versenden wir bei besonderen Anlässen wie runden Geburtstagen, einer Hochzeit oder der Geburt eines Kindes Grußkarten. Da ich gerne fotografiere, lege ich zu diesen Anlässen ein von mir aufgenommenes Foto hinzu, von dem ich denke, dass es dem Mandanten gefallen könnte. Hat uns ein Mandant weiterempfohlen, bedanken wir uns selbstverständlich ebenfalls persönlich. Außerdem vergeben wir als Kundengeschenke hübsche Blöcke und Kugelschreiber. Besonders unsere kleinen A-6-Blöcke erfreuen sich aufgrund ihres praktischen Formats bei den Mandanten hoher Beliebtheit.

Zudem fragen wir bei Gesprächen immer nach den persönlichen Dingen, da nach unserer Erfahrung der Mandant weniger über das Fachliche sprechen möchte. Schließlich sucht er einen Steuerberater auf, um von diesen Dingen entlastet zu werden. Zudem ist es uns sehr wichtig, dass die Mandanten zu uns in das Büro kommen oder wir sie in ihrem Unternehmen besuchen, denn auf diese Weise lernt man die Bedürfnisse des Mandanten deutlich besser kennen. Aus diesem Grund besteht bei uns häufig eine Stunde eines Abschlussgesprächs nur aus zehn Minuten Fachgespräch, während wir die restliche Zeit für den individuellen Austausch nutzen. Am Ende fragen wir natürlich immer, ob der Kunde zufrieden ist, alles verständlich war, der Mandant mit der Leistung des Sacharbeiters zufrieden war oder ob es Anregungen oder Kritikpunkte gibt. In der Regel erhalten wir an dieser Stelle immer ein sehr positives Feedback.

Grundsätzlich ist es uns sehr wichtig, für unseren Mandanten zu jedem Zeitpunkt ein optimales Kundenerlebnis zu gestalten. Man darf hierbei nicht vergessen, dass es für manche Menschen unangenehmer ist, einen Steuerberater aufzusuchen, als einen Zahnarzt. Daher wollen wir den Besuch bei uns möglichst angenehm gestalten, und zwar von der ersten Abgabe der Belege bis zum Erhalt der geprüften Steuerbescheide. Der gesamte Beratungsprozess soll eine angenehme *„Customer Journey"* sein, die für den Mandanten transparent ist, in der er alle gewünschten Auskünfte erhält und sich zu jedem Zeitpunkt gut aufgehoben fühlt.

13.5   Die Kanzlei und der Staat/die Gesellschaft

Wie bereits in Kap. 12 ausgeführt, halte ich es für essenziell, dass eine Steuerkanzlei sich als Organ der Rechtspflege ausnahmslos gesetzeskonform verhält. Die *Stakeholder*-Gruppe Staat/Gesellschaft schließt hierbei alle staatlichen und halbstaatlichen Stellen wie das Finanzamt, die Finanzgerichte, Krankenversicherung, Rentenversicherung und die Berufskammern mit ein. Auch wenn wir großen Wert auf hundertprozentige Gesetzestreue legen, heißt dies natürlich nicht, dass wir auslegungsfähige Gesetze ausschließlich zugunsten des Staates deuten, sondern, dass wir die gesetzlichen Grenzen uneingeschränkt beachten und einhalten.

Prozessuale Dimension
Die Umstellung auf den vollständigen digitalen Datenaustausch mit den Steuerbehörden ist hier von wesentlicher Bedeutung, da diese Entwicklung von den staatlichen Behörden selbst angestrebt wird, (obwohl sie in der Entwicklung derzeit ein wenig „hinterherhinken"). Darüber hinaus ist eine offene Diskussion über die Arbeitsweisen, fachlichen Ansichten und einzelnen Prozessschritte von essenzieller Bedeutung. Wenn ein Berater beispielsweise die Auslegung einer Gesetzesvorschrift im Rahmen einer Einkommensteuererklärung vornimmt, sollte er dies nicht nur insgeheim für sich tun, sondern muss seine Einschätzung klar und deutlich gegenüber den Behörden kommunizieren. Grundsätzlich sollten alle Beteiligten immer „mit offenen Karten spielen", egal welche Rechtsauffassung sie vertreten.
  Darüber hinaus engagieren wir uns für bestimmte gesellschaftliche Ziele über das gesetzliche Mindestmaß hinaus, so hat unsere Kanzlei beispielsweise einst einen Umweltpreis für einen besonders vorbildlichen Umgang im Stromverbrauch erhalten.

Fachliche Dimension
Ein fachlich korrekter, fristgerechter Austausch mit den staatlichen Stellen bildet das wesentliche Fundament für eine gute Interaktion mit dieser *Stakeholder*-Gruppe. Um diesen Austausch noch weiter zu optimieren, besuchen wir regelmäßig Fortbildungsveranstaltungen, die von den Behörden angeboten werden. Hiermit signalisieren wir nicht nur unser Interesse, sondern profitieren auch von den Fachkenntnissen der Behörden.

Interpersonelle Dimension

Im interpersonellen Bereich verhalten wir uns gegenüber den Behörden partner-schaftlich und respektvoll. Manche Unternehmen setzen die Beamten bei einer Betriebsprüfung in den Serverraum oder Keller in der Hoffnung, dass dies den Prüfungsvorgang möglichst verkürzen möge. Wir setzen hingegen zu jedem Zeit-punkt auf einen freundlichen Umgang mit den staatlichen Stellen. Daher gestal-ten wir den Aufenthalt für die Beamten möglichst angenehm und gehen mit ihnen auf Augenhöhe um, so wie wir es auch mit unseren Mitarbeitern tun. Außerdem laden wir Vertreter der Behörden auch regelmäßig zu unseren Kanzlei-Veranstal-tungen ein.

13.6   Die Kanzlei und der Inhaber/Kapitalgeber

Wie bereits in Kap. 12 erörtert, beinhaltet diese Gruppe oft nur den oder die Inhaber selbst, da Kapitalgeber – außer bei Kanzleiverkäufen – in der Regel keine große Rolle spielen. Viele Inhaber streben ein ausgeglichenes Arbeits-Frei-zeit-Verhältnis bei gleichzeitig gutem Einkommen an. In organisatorischer Hin-sicht halten wir es für wichtig, dass der Inhaber möglichst viele Aufgaben an seine Mitarbeiter delegiert. Daher habe ich nach meiner Erkrankung alles Orga-nisatorische an meine Kanzleileitung übertragen, sodass sie alle Personalfragen sowie die Übersicht über die Buchhaltung, das *Workload*-Management und alle Bestellungen verantwortet. Meine Rolle als Inhaber definiere ich vornehmlich als fachlicher Ratgeber, Impulsgeber und Innovator.

Prozessuale Dimension

In prozessualer Hinsicht stellt die Implementierung des QM-Systems einen wichtigen Schritt dar. Unsere täglichen Aufgaben strukturieren wir anhand ent-sprechender Werkzeuge wie das *Workload*-Management so optimal, dass wir unseren Mandanten einen Bearbeitungszeitraum ihrer Anliegen von nur drei Wochen anbieten können. Falls wir diese Vorgabe ausnahmsweise einmal nicht einhalten können, teilen wir dies dem Mandanten umgehend mit. Grundsätzlich achten wir stets darauf, dass der Beratungsprozess sich für den Mandanten nicht als Blackbox darstellt. Daher informieren wir unseren Kunden zusätzlich über alle Bearbeitungsstadien, damit diese jederzeit für ihn transparent sind.

Eine weitere große Verantwortung als Inhaber ist die Akquise neuer Mandate. Neumandate werden in der Steuerberater-Branche überwiegend über Empfehlun-gen und zunehmend über das Internet gewonnen. Seit der Neuausrichtung unserer Kanzlei erfreuen wir uns eines sehr großen Zulaufs neuer Mandanten. Bei dem

ersten Kontakt mit einem neuen Mandanten sollte der Inhaber unbedingt selbst in
Erscheinung treten, gerade weil der Mandant im späteren Beratungsprozess überwiegend von den Mitarbeitern betreut wird.

Fachliche Dimension
In fachlicher Hinsicht hat der Inhaber natürlich den Gesamtüberblick zu behalten,
doch muss er – meiner Ansicht nach – nicht jeden Mitarbeiter in seinem Spezialwissen übertreffen. Vielmehr besteht die Aufgabe als Führungskraft darin, alle
Fähigkeiten des Teams optimal zu nutzen und die Kanzlei zum Erfolg zu führen.
Natürlich sollte man zu jedem Zeitpunkt wissen, wo die sensiblen Punkte einer
Steuerberatung liegen, sodass man diese im Auge behalten und eventuelle Haftungsfälle vermeiden kann. Eine der wichtigsten Aufgaben des Inhabers ist es
zudem, neue Tätigkeitsfelder für das Unternehmen zu identifizieren. Dies ist beispielsweise derzeit die Digitalisierung, in der unsere Kanzlei eine Vorreiterrolle
wahrnimmt.

> **Praxistipp aus der Steuerkanzlei Dr. Siegel**
> Die Digitalisierung bietet angenehme Nebeneffekte für die Mandanten:
> beispielsweise in der Gastronomie-Branche. Wenn wir die Rechnungen und
> Belege von einem Restaurant erhalten, geben wir diese an einen externen
> Anbieter weiter, der die Verbuchung vornimmt. Dieser ermittelt anhand der
> Daten zusätzlich alle Preisschwankungen der Zulieferer und gibt hiermit
> dem Mandanten ein Werkzeug in die Hand, konkret nachzusteuern.
> Gerade bei großen Unternehmen, die massenhaft Informationen, Belege
> und Rechnungen produzieren, kann dieser Datenfülle nur mit digita-
> len Werkzeugen begegnet werden. Die Software-Möglichkeiten, digitale
> Informationen auszulesen, selbstständig zuzuordnen und auszuwerten,
> entwickeln sich heute mit rasanter Geschwindigkeit, sodass eine nahezu
> vollständige Automatisierung der Auswertungsprozesse in Kürze zu erwar-
> ten ist.

Interpersonelle Dimension
Für den Inhaber sind die interpersonellen Kompetenzen von ganz besonderer
Bedeutung, da er in seiner Vorbildfunktion den Kontakt zu den Mitarbeitern,
Mandanten und staatlichen Behörden maßgeblich prägt. Außerdem sollte der
Inhaber sich für all die Dinge interessieren, die sich in seinem erweiterten Umfeld

gerade ereignen. Die Beteiligten nehmen sehr wohl wahr, ob der oder die Kanzleiinhaber reine „Steuer-Nerds" sind oder auch über den fachlichen Tellerrand hinaussehen.

Um die Vorbildfunktion als Inhaber glaubwürdig vertreten zu können, sollte der Inhaber unbedingt gut selbstorganisiert sein und für eine gute *Work-Life-Balance* sorgen. Zudem hat er nachahmenswerte Fähigkeiten in Bezug auf Innovation, Effektivität und emotionale Intelligenz zu besitzen. Der Inhaber sollte befähigt sein, insbesondere seinen Mitarbeitern, aber auch den Mandanten, externen Partnern und den Behörden ein hohes Maß an Vertrauen entgegenzubringen. Zudem sollte er in der Lage sein, Situationen sowohl fachlich als auch menschlich richtig einschätzen zu können, um so den Mitarbeitern und Mandanten schnell Feedback geben zu können. In diesem Zusammenhang ist die Fähigkeit, konstruktiv Kritik und Lob auszusprechen, von ganz wesentlicher Bedeutung. Wichtig ist zudem, dass der Inhaber die Mitarbeiter fachlich und persönlich fördert und als Mentor agiert. Darüber hinaus sollte er auf sich selbst achten und möglichst ausgeglichen und gesund bleiben.

Eine der wichtigsten Tugenden ist – aus meiner Sicht – die Fähigkeit, gerade im Gespräch mit Mandanten und Mitarbeitern mehr zuzuhören als zu sprechen, sich also selbst ein Stück zurückzunehmen. Zu guter Letzt sollte man in der Lage sein, die Bedürfnisse seines Umfelds aufzunehmen, und nicht nur um sich selbst kreisend und unreflektiert handeln.

13.7 Fazit

Um einen nachhaltigen Unternehmenserfolg zu erreichen, handeln Steuerkanzleien in der Regel nach dem *Stakeholder*-Ansatz. Dieser verfolgt das Ziel, die Ansprüche aller *Stakeholder*-Gruppen (Inhaber/Kapitalgeber, Mitarbeiter, Mandanten, Staat/Gesellschaft) möglichst gut zu erfüllen, um eine hohe Zufriedenheit in diesen Bereichen zu bewirken.

Die „*3 × 4 = Alles*"-*Methode* verbindet diese vier Interessengruppen mit den drei wichtigen aus der Luftfahrt hergeleiteten Kernkompetenzen. Nur wenn der Austausch mit jeder der *Stakeholder*-Gruppen in prozessualer, fachlicher und interpersoneller Hinsicht optimal geführt wird, ist der langfristige Erfolg Ihrer Kanzlei vollständig gewährleistet.

Sobald Sie diese Vorgaben umgesetzt haben, steht dem Höhenflug Ihrer Steuerkanzlei nichts mehr entgegen. Heute bin ich wieder froh, Steuerberater zu sein. Diese Tätigkeit ist nicht nur ein Broterwerb, sondern noch immer der Traumberuf für mich. Jedoch nur, weil ich nach meiner Erkrankung die Anstrengung unternommen habe, meine Kanzlei konsequent neu auszurichten. Aufgrund unseres optimalen Aufgaben-Managements konnten wir unerwünschte Begleiter wie Hektik und Stress aus unseren Büroräumen erfolgreich vertreiben. Mein hervorragendes Mitarbeiterteam gewährleistet jederzeit, dass die Interaktion mit allen Interessengruppen in prozessualer, fachlicher und zwischenmenschlicher Hinsicht auf höchstem Niveau verläuft. Als Inhaber konnte ich zudem viele der täglichen Aufgaben vertrauensvoll an meine Mitarbeiter übergeben und mich wieder den Beschäftigungsfeldern zuwenden, die mich wirklich interessieren. Eine ausgewogene *Work-Life-Balance* verleiht mir viel Freiheit und zusätzliche Zeit für meine Familie, persönliche Interessen und für die notwendige Erholung. Befreien auch Sie Ihre Kanzlei von unnötigen Ineffizienzen und Dauer-Stress, indem Sie die in diesem Buch behandelten Methoden zielstrebig umsetzen. Ist Ihre Kanzlei „Ready for Take-off"?

Wir wünschen Ihnen einen guten Flug! (Quelle: © anyaberkut/Fotolia)

The manufacturer's authorised representative in the EU is Springer
Nature Customer Service Centre GmbH, Europaplatz 3, 69115 Heidelberg,
Germany. If you have any concerns regarding our products, please
contact ProductSafety@springernature.com

Printed and bound by CPI Group (UK) Ltd, Croydon, CR0 4YY

27/04/2026

02097659-0002